L'UNIVERSITÉ
DE
STRASBOURG

Renseignements
destinés aux
étudiants
étrangers

Édité par le

COMITÉ ALSACIEN D'ÉTUDES ET D'INFORMATIONS

Strasbourg, 6, rue Pierre-Bucher

Pour tous renseignements s'adresser soit :

Au Bureau de Renseignements pour les Étudiants étrangers à l'Université de Strasbourg, salle 1, ouvert de 10 heures 30 à 12 heures et de 16 heures à 17 heures.

Aux Doyens des Facultés, à l'Université de Strasbourg.

A la Direction de l'Instruction Publique, 6, rue de la Toussaint, Strasbourg.

Au Comité Alsacien d'Études et d'Informations, 6, rue Pierre-Bucher, Strasbourg.

A la Société des Amis de l'Université, 2, rue Geiler, Strasbourg.

Aux Associations d'Étudiants.

TABLE DES MATIÈRES

AVANT-PROPOS

L'Université Française de Strasbourg(¹) a rouvert, en Janvier 1919, ses cours interrompus depuis près de 49 ans.

Le 22 Novembre 1919, jour anniversaire de l'entrée des troupes françaises dans Strasbourg délivré, le Président de la République, les Ministres, les Maréchaux de France et les représentants des grands corps de l'État assistaient à la séance solennelle de rentrée de l'Université entièrement reconstituée.

L'Université de Strasbourg est la seule Université de France qui comprenne sept Facultés (Théologie Catholique, Théologie Protestante, Droit, Médecine, Sciences, Lettres, Pharmacie). Malgré les pertes causées par la guerre dans le corps enseignant, l'État y a appelé un nombre considérable de professeurs, tous connus pour appartenir à l'élite des Universités françaises. Il a largement dépensé pour munir les laboratoires de l'outillage le plus moderne, pour donner à l'enseignement la plus grande souplesse possible et pour créer autour de l'Université des Instituts qui correspondent à tous les besoins de la recherche scientifique contemporaine. Pareille variété et pareille abondance se trouvent rarement ailleurs.

Aux confins de deux civilisations, aux frontières orientales de la France, l'Université de Strasbourg est un foyer d'enseignement supérieur où les étrangers qui désirent prendre contact avec la pensée française et perfectionner leur instruction dans toutes les branches de la science, sont assurés de trouver des ressources de tous genres. Ils peuvent y séjourner un ou plusieurs semestres et y suivre une ou plusieurs matières d'enseignement.

Beaucoup de personnes s'imaginent que les étudiants étrangers éprouvent des difficultés insurmontables à se faire ouvrir les portes des Universités françaises et que les enseignements de nos Facultés sont organisés d'une manière exclusive, en vue de la préparation aux grades d'État donnant accès aux emplois publics, de telle sorte qu'ils se trouveraient inutilisables pour les étudiants étrangers.

Cette idée préconçue qu'une certaine propagande se plaît à répandre est tout à fait inexacte. Rien n'est plus facile pour un étudiant étranger que d'obtenir son immatriculation dans une Université française, de choisir les cours qu'il lui plaît d'y suivre, et d'y organiser ses études de la manière qui lui paraît utile pour

---

(¹) Place de l'Université, Strasbourg (Bas-Rhin).

la formation de son esprit et pour la préparation de la carrière à laquelle il se destine. Les notices contenues dans cette brochure permettront de s'en convaincre.

Situé dans la plaine du Rhin, à 20 kilomètres des Vosges, au centre d'une région opulente et pittoresque, au carrefour des grandes voies ferrées qui traversent l'Europe du Nord au Sud et de l'Ouest à l'Est, Strasbourg est d'un accès aisé. (¹) Les étudiants y trouveront non seulement le charme de monuments célèbres et les aménagements d'une cité moderne, active et commerçante, mais encore une ville de 170.000 habitants en relations suivies avec les Universités françaises et étrangères.

Avec son Conservatoire de Musique, son Opéra, ses Concerts, ses Musées, son École d'Architecture, ses expositions périodiques, l'étranger y rencontre toutes les satisfactions qu'a le droit de rechercher un esprit curieux d'art.

L'Enseignement technique et Industriel possède en Alsace des établissements prospères.

Les sociétés de sport sont actives et nombreuses: la variété du pays (montagnes, plaine, rivières,) leur permet de se développer de toutes manières.

Les Associations d'étudiants, tant générales que confessionnelles ou constituées par nationalités, sont organisées pour accueillir les étrangers, que les établissements ou séminaires des différents cultes et les maisons d'étudiants peuvent recevoir dans de bonnes conditions.

Le nombre des étudiants français et étrangers groupés autour de l'Université de Strasbourg ajoute encore à l'attrait que peut exercer sur les étudiants des pays voisins la première et la plus belle ville de la France de l'Est.

(¹) 7 heures ½ de Paris, 6 heures ½ de Berne, 4 heures de Zurich, 8 heures de Genève, 4 heures de Luxembourg, 8 heures de Bruxelles, 16 heures de La Haye, 18 heures de Prague, 24 heures de Varsovie, 6 heures de Mayence, 50 heures de Copenhague, 18 heures de Londres.

LA FACULTÉ DE THÉOLOGIE
CATHOLIQUE

Avant de se décider dans le choix d'une Université, les étudiants clercs s'inquiètent tout d'abord de la valeur des diplômes qu'ils pourront y obtenir. Ceux qu'ils viendront conquérir à la Faculté de Théologie catholique de Strasbourg *(baccalauréat, licence, doctorat)* sont à la fois des grades universitaires français et des titres académiques officiellement reconnus par le Saint-Siège.

Fondée en 1902, cette Faculté fut érigée canoniquement par bref apostolique en date du 3 septembre 1903. Lorsque, en 1918, le gouvernement de la République réorganisa dans Strasbourg retrouvé l'Université française, il décida non seulement d'y maintenir la Faculté de Théologie catholique, mais de lui donner un développement qu'elle n'avait point connu jusque-là. Le nombre des professeurs y fut bientôt porté de huit à quinze, et l'enseignement méthodique de la théologie et des disciplines annexes y est désormais assuré.

La Faculté de Théologie catholique s'est proposée un double but : fournir aux jeunes étudiants, aspirant au sacerdoce, un enseignement complet dans les différentes branches des études ecclésiastiques, et initier ceux qui ont déjà reçu cette première formation aux travaux et aux méthodes scientifiques. Dans les *cours généraux*, où elle prépare les candidats au baccalauréat, elle donne un exposé total de la théologie catholique des disciplines annexes. La licence et le doctorat sont préparés dans les *cours spéciaux* et les *exercices pratiques*. Les cours spéciaux portent sur des sujets limités et ont un caractère approfondi. Les exercices pratiques ne sont point des cours professés en chaire ; ils ont lieu dans les salles même de la bibliothèque de la Faculté. Là, sous la direction des maîtres, les étudiants se forment au travail scientifique, prennent un contact direct avec les sources de la production littéraire, apprennent à utiliser et à critiquer les textes. Enfin, des *cours publics* vulgarisent les derniers résultats des sciences ecclésiastiques. Grâce à cette organisation, les clercs étrangers trouvent à Strasbourg toute facilité pour perfectionner leurs connaissances, quel que soit le degré où ils soient déjà parvenus.

Pour suivre simplement les cours de la Faculté, aucune autre formalité n'est requise que la simple *immatriculation*. Les droits d'immatriculation sont de 20 francs par an. Il s'y ajoute un droit de bibliothèque de 10 francs. L'immatriculation confère à l'étudiant le droit de suivre tous les cours non seulement de la Faculté de Théologie catholique, mais de toutes les Facultés.

S'il veut, de plus, préparer les grades, l'étudiant doit être régulièrement *inscrit* au Secrétariat de la Faculté. Toutes les indications concernant les formalités d'inscription — du reste très simples — les pièces à fournir, l'équivalence de grades déjà obtenus ailleurs, ainsi que le programme détaillé des études, sont envoyés sans délai à quiconque en fait la demande au Doyen de la Faculté.

Les enseignements professés à la Faculté de Théologie catholique sont les suivants :

Théologie dogmatique : MM. MULLER, professeur (en congé), GAUDEL, maître de conférences, KOLB, maître de conférences.
Théologie morale : MM. LANG, professeur, FAHRNER, chargé de cours.
Sciences bibliques : MM. COLON, professeur (Nouveau Testament), DENNFELD, maître de conférences (Ancien Testament). (A la chaire des sciences bibliques est rattaché l'enseignement des langues orientales).
Histoire de l'Église : MM. MOLLAT, professeur, AMANN, maître de conférences.
Droit canonique : MM. MARTIN, professeur, DIB, chargé de cours.
Archéologie et Histoire de la liturgie : M. ANDRIEU, professeur.
Apologétique : M. RIVIÈRE, professeur.
Philosophie : MM. BAUDIN, professeur, BOEHM, maître de conférences.

Aux étudiants appartenant à des rites orientaux, la Faculté de Théologie catholique de Strasbourg offre des facilités appréciables ; en effet, pour les examens dont le programme comporte des épreuves en droit canonique et en liturgie, elle admet qu'ils puissent, s'ils le désirent, être interrogés sur le droit et la liturgie de leur église respective. Dans ce cas, des professeurs sont à leur disposition pour leur assurer toute la préparation nécessaire.

La Faculté possède, dans les locaux du palais universitaire, une bibliothèque spéciale. Les étudiants peuvent y accéder à toute heure. Ils y trouvent les principaux ouvrages intéressant les sciences ecclésiastiques. Chaque professeur prend soin de tenir à jour, par l'acquisition des publications récentes, la section qui se rapporte à son enseignement. En outre, les étudiants ont à leur disposition la très considérable *Bibliothèque universitaire et régionale*, la plus riche de France après la Bibliothèque Nationale, et dont la section des sciences ecclésiastiques est particulièrement bien fournie. Ils peuvent consulter les livres dans la salle de lecture de la bibliothèque elle-même, ou les emporter à domicile pour les utiliser plus à loisir.

A la Faculté de Théologie est annexé un *Institut de Droit canonique*, ouvert à tous les étudiants, clercs et laïques, désireux de s'initier à la science du droit ecclésiastique. L'enseignement y est donné, sous le patronage et la responsabilité de la Faculté de Théologie catholique, par les professeurs de Droit canonique de cette Faculté, avec le concours de professeurs de la Faculté de Droit et des Sciences politiques. Les études comportent un élément historique et un exposé de la législation canonique actuellement en vigueur. Les titres universitaires délivrés par l'Institut sont au nombre de deux : 1. *Certificat de Droit canonique*, 2. *Diplôme d'études supérieures de Droit canonique*. Les matières de l'enseignement préparatoire au *certificat* sont l'histoire générale du Droit canonique (sources, droit public, droit privé) et les principes généraux du droit actuel, comparé, à l'occasion avec le droit des églises orientales.

A la différence des enseignements préparatoires au *certificat*, les enseignements préparatoires du *Diplôme* portent sur des sujets spéciaux et ont un caractère approfondi. Ils sont destinés à initier les candidats aux méthodes de recherche et au travail personnel. Pour les compositions écrites et les épreuves orales de l'examen pour l'obtention du *Diplôme*, un programme est établi chaque année par la Faculté ; il a pour base l'enseignement donné dans les cours, mais comprend, en outre, un certain nombre de questions à étudier personnellement par les candidats sous la direction des professeurs. De plus, les candidats doivent rédiger un mémoire, sur un sujet agréé par le Doyen. Ce mémoire est rédigé à loisir, sans limitation de temps, et donne lieu à une soutenance devant un jury.

Un sérieux motif de préoccupation pour les étudiants clercs qui désirent venir dans une ville universitaire — et aussi pour leurs évêques — est la possibilité de trouver une maison qui leur permette d'avoir une vie spirituelle conforme aux exigences de leur état. La Faculté de Théologie catholique de Strasbourg est heureusement à même de leur procurer cet abri. Un établissement spécial, ouvert avec l'agrément de Mgr. l'Évêque de Strasbourg, a déjà reçu, cette année, un certain nombre d'étudiants étrangers au diocèse. On se préoccupe, en ce moment, d'en agrandir considérablement les locaux. Il est confié à la direction des Prêtres de la Mission (Pères Lazaristes). Les étudiants clercs y trouvent une atmosphère à la fois religieuse et française, et un règlement suffisamment souple et intelligent pour les soutenir sans les entraver. Tous les renseignements nécessaires, concernant les conditions d'admission, d'entretien, etc., sont fournis dans le plus bref délai à tous ceux qui lui en adressent la demande, par *M. Basile*, supérieur de la maison, 10, rue Principale, Strasbourg-Robertsau (Bas-Rhin).

LA FACULTÉ DE THÉOLOGIE
PROTESTANTE

La Faculté de Théologie protestante, fidèle à ses traditions d'avant 1870, ouvre largement ses portes aux étudiants étrangers. Comme les Français ils sont admis à loger et à prendre pension au Séminaire protestant, 1bis, quai St-Thomas, où ils reçoivent l'accueil le plus empressé.

Pour être immatriculé à la Faculté de Théologie protestante, aucun diplôme n'est nécessaire; tout étudiant, suffisamment préparé à suivre avec fruit les cours de la Faculté, obtiendra de la part du Doyen l'autorisation de se faire immatriculer et pourra choisir à son gré les cours qu'il préfère et les exercices auxquels il désire participer.

La Faculté a institué spécialement pour les étrangers le grade de docteur d'université. Ce grade ne suppose aucun diplôme antérieur. Pour l'obtenir il faut faire à la Faculté un stage dont celle-ci détermine la durée et présenter une thèse inédite en français, en anglais ou en allemand, après en avoir fait approuver le sujet par la Faculté. Cette thèse devra être imprimée et soutenue publiquement. Dans certains cas la Faculté dispense du stage.

Les grades d'État sont également accessibles aux étrangers. Ils sont au nombre de trois: le baccalauréat, la licence, le Doctorat d'État.

Pour devenir bachelier en théologie il faut: 1o être bachelier ès-lettres, ou justifier d'un grade du même ordre obtenu à l'étranger et le faire déclarer équivalent au baccalauréat français, 2o avoir accompli quatre années d'études théologiques ou trois si l'on est licencié ès-lettres d'une Faculté française, dont deux au moins à la Faculté de Strasbourg, 3o subir les épreuves réglementaires, 4o présenter à la Faculté et soutenir devant elle une thèse dont le sujet aura été préalablement approuvé par la Faculté. L'impression de cette thèse n'est pas obligatoire. La Faculté se réserve de juger de la valeur des études faites à l'étranger.

Elle confère le baccalauréat en théologie *au titre étranger* dans les conditions énoncées au paragraphe 13 du Titre II de son règlement. Ce paragraphe est ainsi conçu:

« Pourront obtenir le baccalauréat en théologie au titre étranger:

1º Les étudiants étrangers qui auront étudié dans les mêmes conditions que les étudiants français, mais avec dispense du baccalauréat ;

2º Les étrangers qui auront fait ailleurs qu'en France des études jugées équivalentes par la Faculté à celles qui sont exigées des candidats français.

Les personnes qui se trouvent dans ces conditions devront cependant accomplir une année d'études à la Faculté de Strasbourg et leur soutenance sera précédée d'un colloque. Cette dernière épreuve ne sera pas imposée à ceux qui auront passé un examen que la Faculté estimera équivalent à l'examen de fin d'études. »

Le baccalauréat obtenu au titre étranger ne donne pas droit à un emploi dans les églises de France.

Pour devenir licencié en théologie, il faut : 1º être bachelier d'État en théologie, ou avoir obtenu l'équivalence d'un grade obtenu à l'étranger, avec le baccalauréat en théologie français, 2º subir les épreuves réglementaires, 3º présenter et soutenir publiquement une thèse principale et une thèse complémentaire. Cette dernière pourra être écrite en latin, en anglais ou en allemand. La thèse principale devra être imprimée. Les sujets des deux thèses devront être préalablement approuvés par la Faculté. On ne pourra se présenter à la licence qu'un an après avoir obtenu le grade de bachelier.

Le doctorat d'État s'obtient par la présentation et la soutenance publique d'une thèse, dont le sujet aura été approuvé préalablement par la Faculté. Tout candidat au doctorat devra être licencié, ou avoir obtenu l'équivalence de grades ou d'examens que la Faculté jugera équivalents à la licence qu'elle confère.

Chacun des trois grades d'État suppose quatre inscriptions prises préalablement. La Faculté décerne en outre des diplômes d'études religieuses, et des diplômes d'études religieuses supérieures. Ces derniers ne peuvent être obtenus que par les candidats pourvus du grade de bachelier ès-lettres, ou de certains diplômes spécifiés par un règlement spécial.

La Faculté s'empressera de donner tous renseignements ultérieurs aux personnes qui les lui demanderont ou de leur envoyer un exemplaire de son règlement.

Les matières enseignés à la Faculté sont les suivantes :

Histoire des religions : MM. BALDENSPERGER, professeur, CAUSSE, professeur.

Ancien Testament et histoire politique et religieuse du peuple d'Israël, Langue hébraïque : MM. CAUSSE, professeur, JÆGER, maître de conférences.

Nouveau Testament et histoire du christianisme primitif :
M. Baldensperger, professeur, N., maître de conférences.
Histoire de l'Église chrétienne et histoire des dogmes : MM. Sabatier,
professeur, Strohl, maître de conférences.
Dogmatique : M. Menegoz, chargé de cours.
Philosophie religieuse : M. Mauter, maître de conférences.
Morale : M. Ehrhardt, professeur.
Théologie pratique : MM. J. Monnier, professeur, Will, maître
de conférences.
Musicologie et Histoire de la musique sacrée : M. Gerold, docteur
ès-lettres.

Les cours n'épuisent pas l'activité de la Faculté. Dans
les conférences ou séminaires les étudiants se groupent autour
de leurs professeurs pour apprendre soit à étudier des textes,
soit à approfondir certains problèmes théoriques en faisant eux-
mêmes des exposés oraux ou écrits.

Les examens de fin d'année institués par le règlement pour
les étudiants des trois premières années comportent également
des travaux écrits qui fournissent aux professeurs l'occasion de
se rendre compte du degré de développement de leurs élèves et
à leur faire mettre en œuvre leurs connaissances.

Des exercices de prédication et de catéchèse en langue
française et en langue allemande ont lieu régulièrement.

Il est inutile de faire observer que nos étudiants trouvent
un complément d'instruction extrêmement précieux dans de
nombreux cours de la Faculté des Lettres.

LA FACULTÉ DE DROIT ET DES SCIENCES POLITIQUES

Tout étudiant étranger désirant se faire immatriculer à la Faculté. n'a qu'à se présenter au Doyen. Celui-ci, après avoir vérifié d'une manière sommaire que l'étudiant a fait des études suffisantes pour pouvoir profiter des enseignements de la Faculté, lui accorde séance tenante l'autorisation de s'immatriculer. Pour l'immatriculation, les règlements n'imposent à l'étudiant étranger ni de produire aucun diplôme universitaire de son pays ni d'obtenir aucune équivalence ou dispense de baccalauréat. L'autorisation du Doyen suffit et elle est donnée toutes les fois que l'étudiant n'apparaît pas manifestement incapable de suivre les enseignements de la Faculté.

Le Droit d'immatriculation est de 20 francs par an; il est acquitté en un seul versement. Il s'augmente d'un droit de bibliothèque de 10 francs.

L'étudiant immatriculé possède le droit de suivre à son gré tous les enseignements de la Faculté et ceux des autres Facultés de l'Université. Un livret d'étudiant lui est délivré. Sur ce livret sont indiqués les enseignements que l'étudiant a déclaré vouloir suivre. Un certificat d'assiduité peut être délivré par chacun des professeurs dont l'étudiant a suivi les cours.

Si l'étudiant étranger désire emporter de son passage à la Faculté autre chose que des certificats d'assiduité, il peut postuler l'un des titres universitaires institués à la Faculté par arrêtés de M. le Ministre de l'Instruction Publique : *Attestation d'études, Certificat supérieur d'études, Doctorat d'Université.*

Tout étudiant ayant suivi effectivement à la Faculté un cours annuel ou semestriel peut obtenir la délivrance d'une *Attestation d'études* afférente à ce cours. L'*Attestation* est délivrée après admission à un examen portant sur les matières qui ont fait l'objet du cours. Cet examen comprend une épreuve écrite et deux interrogations orales.

Le *Certificat supérieur d'études* est délivré à toute personne ayant obtenu des Attestations d'études portant sur quatre en-

seignements annuels ou sur un nombre correspondant d'enseignements semestriels. Il ne peut être délivré qu'après une année
complète de scolarité. Il est délivré avec l'une des mentions
Sciences juridiques ou *Sciences politiques et économiques.*

Le droit d'examen à payer pour chacune des Attestations
d'études est de 50 francs. Le droit de diplôme pour le Certificat
supérieur d'études est de la même somme.

Quant au *Doctorat d'Université*, il est décerné avec l'une des
mentions *Sciences juridiques* ou *Sciences politiques et économiques.*
Il est délivré après un examen oral et la soutenance d'une thèse.

Les matières de l'examen sont les suivantes :

1º *Doctorat sciences juridiques.* — Droit civil français (3 interrogations) ; — un enseignement annuel ou deux enseignements semestriels donnés à la Faculté, au choix du candidat (autant d'interrogations que d'enseignements choisis).

2º *Doctorat sciences politiques et économiques.* — Droit administratif (1 interrogation) ; — Économie politique (1 interrogation) ; — deux enseignements annuels ou un nombre
correspondant d'enseignements semestriels donnés à la
Faculté, au choix du candidat (autant d'interrogations que
d'enseignements choisis).

Les candidats postulant le diplôme de Docteur en Droit de
l'Université de Strasbourg doivent être immatriculés pendant
toute la durée de leur scolarité. En outre, ils doivent payer un
droit d'examen de 100 francs pour chacune des épreuves (examen
et thèse) et un droit de diplôme de 100 francs.

Grâce à cette organisation des Attestations d'études, du Certificat supérieur d'études et du Doctorat d'Université, tous les
étrangers fréquentant la Faculté se trouvent à même d'emporter
dans leur pays d'origine la preuve de leur travail et des connaissances qu'ils ont acquises.

* * *

Indépendamment de ces titres universitaires, la Faculté délivre les grades d'État de Licencié et de Docteur.

Le droit de prendre des inscriptions pour l'obtention de ces
grades n'est pas refusé aux étrangers. Mais ils ne peuvent s'inscrire qu'à la condition de justifier du grade de bachelier français
ou d'un grade étranger reconnu équivalent au baccalauréat
français.

Certaines équivalences sont admises de plein droit. Les autres
sont accordées par le Ministre de l'Instruction publique. Les

demandes d'équivalence sont examinées avec toute la célérité désirable et dans l'esprit de bienveillance le plus large.

Les études de Licence durent trois années. Les études de Doctorat exigent en général au moins deux années après l'admission à la Licence.

Les programmes officiels sont envoyées sans délai à toute personne qui en adresse la demande au Doyen de la Faculté.

Il paraît utile d'indiquer que les études préparatoires aux grades d'État de licencié et de docteur sont faites pour les étudiants français plus que pour les étudiants étrangers. Elles comprennent une dose considérable de connaissances techniques d'intérêt purement national, dépourvues d'utilité pour des étudiants étrangers.

Les titres universitaires dont il a été parlé ci-dessus sont au contraire essentiellement faits pour les étudiants étrangers. La durée des études est plus courte et la souplesse de l'organisation permet à chaque étudiant d'ordonner ses études suivant ses goûts ou ses besoins personnels.

* * *

Les enseignements donnés à la Faculté sont les suivants :

CHAIRES MAGISTRALES

Professeurs

I. Droit privé

Droit civil : MM. GAUDEMET, NAST, JULLIOT de la MORANDIÈRE.
Droit commercial : M. BOURCART.
Droit pénal : M. ROUX.
Droit international privé : M. NIBOYET.
Droit civil comparé (chaire créée par l'Université de Strasbourg) :
M. ECCARD.

II. Droit public

Droit public général : M. BEUDANT.
Droit constitutionnel : M. CARRÉ de MALBERG.
Droit administratif : MM. DELPECH et LAFFERIÈRE.
Droit international public : M. LE FUR.
Histoire des traités : M. REDSLOB.

III. Sciences Historiques

Droit romain : MM. DEBRAY et DUQUESNE.
Histoire du Droit : MM. CHAMPEAUX et PERROT.

IV. Sciences Économiques

Économie politique : MM. BROUILHET, GEMAHLING et OUALID.
Économie et législation industrielles : M. BEAUCOURT.
Économie et législation coloniales : M. MONCHARVILLE.

COURS COMPLÉMENTAIRES

Introduction à l'étude du Droit : M. LE FUR.
Droit maritime : M. NIBOYET.
Législation financière : M. DELPECH.
Économie et législation financières : M. OUALID.
Économie et législation rurales : M. BEAUCOURT.

* * *

L'organisation de la Faculté a été complétée par la création d'un *Institut Colonial* et d'un *Institut de Droit Germanique*.

En outre, un Institut de Droit canonique, créé à la Faculté de Théologie catholique de l'Université de Strasbourg, compte, parmi les membres de son personnel enseignant, deux professeurs de la Faculté de Droit, MM. CHAMPEAUX et PERROT, qui enseignent l'Histoire du Droit canonique.

Enfin, la Chambre de Commerce de Strasbourg a créé un *Institut d'Enseignement Commercial Supérieur*, qui est indépendant de l'Université de Strasbourg et possède une *existence propre*, et dans lequel les enseignements de Droit et d'Économie politique sont donnés par des membres de la Faculté de Droit.

Des renseignements détaillés sur l'Institut de Droit canonique et sur l'Institut d'enseignement commercial supérieur sont envoyés sans délai aux personnes qui en adressent la demande au Doyen de la Faculté.

Quant à l'Institut colonial et à l'Institut de Droit germanique, l'organisation en est la suivante.

* * *

Les titres universitaires délivrés par l'*Institut colonial* sont au nombre de deux : 1º *Certificat d'études coloniales*; 2º *Diplôme supérieur d'études coloniales*.

Ces titres sont accessibles aux étudiants de nationalité étrangère. La Faculté est juge de la valeur des titres et des études antérieures des candidats.

L'examen pour l'obtention du Certificat ne peut être subi qu'après une année complète de scolarité. L'examen pour le Diplôme ne peut être subi que par les candidats ayant accompli une année complète de scolarité depuis l'obtention du Certificat. Chacun de ces examens comporte des épreuves écrites et orales ; les candidats au Diplôme doivent, en outre, rédiger un Mémoire.

Enseignements Préparatoires au Certificat.

Législation coloniale.
Histoire de la colonisation.
Géographie coloniale.
Éléments d'Économie politique.
Emprunts et banques.

Enseignements Préparatoires au Diplôme.

Législation et économie coloniales.
Éléments de Droit français public et privé.
Relations commerciales et maritimes et régime douanier des colonies françaises.
Crédit foncier et agricole dans les colonies françaises.
Hygiène et climatologie coloniales.

Les cours préparatoires au Certificat et au Diplôme sont complétés par des séries de conférences sur l'organisation sociale, politique et religieuse des populations indigènes dans les diverses colonies françaises. Ces conférences sont faites par des spécialistes qualifiés des questions coloniales. Le programme de ces conférences est renouvelé d'année en année, de manière à embrasser successivement tout le domaine colonial de la France.

M. MONCHARVILLE, professeur à la Faculté de Droit et Directeur de l'Institut, se tient à la disposition des intéressés pour leur fournir toutes indications complémentaires.

L'Institut de Droit Germanique est destiné aux étudiants désirant acquérir la connaissance des principes du Droit allemand sans suivre les enseignements d'une Université allemande.

L'inscription aux cours et exercices pratiques de l'Institut est gratuite pour tous les étudiants immatriculés.

L'enseignement de l'Institut de Droit germanique comprend des cours faisant partie du plan d'études normal de la Faculté et des cours spéciaux. Il est complété par des exercices pratiques dirigés par des chargés de conférences.

Les *Cours* sont les suivants :

Droit constitutionnel comparé.
Droit civil comparé.
Droit commercial comparé.
Droit civil local.
Procédure civile locale.
Étude des conflits entre le Droit français et le Droit local.

Les *Exercices Pratiques* sont les suivants :

Exercices pratiques de Droit civil local.
Exercices pratiques de Droit commercial local.
Exercices pratiques de Notariat.

L'Institut ne délivre aucun titre universitaire spécial. Les élèves de l'Institut désirant obtenir un diplôme peuvent postuler les Attestations d'études dont il a été parlé ci-dessus.

LA FACULTÉ DE MÉDECINE

L'enseignement des Facultés de Médecine françaises, et en particulier celui de la Faculté de Strasbourg peut être suivi à divers titres.

I.

Les cours théoriques sont, en principe, publics, c'est-à-dire ouverts à toute personne qui ne risque, en aucune mesure, d'y créer du trouble, ou dont la présence ne peut y être considérée comme déplacée. Pour suivre ces cours, aucune formalité n'est nécessaire ; mais les auditeurs n'en tirent aucun avantage matériel autre que leur instruction. Aucune attestation, aucun certificat ne leur est délivré par la Faculté.

II.

Les auditeurs français ou étrangers qui désirent, outre les cours libres, suivre bénévolement tous les enseignements théoriques, profiter des ressources de la bibliothèque et obtenir l'attestation des études faites, doivent se faire immatriculer au secrétariat de la Faculté ; c'est-à-dire inscrire sur les registres de la Faculté.

Il suffit pour cela d'en faire la demande au Doyen qui accorde l'immatriculation après avoir constaté que les études antérieures du candidat lui permettent de suivre avec fruit les cours de la Faculté.

Les droits d'immatriculation sont de 30 francs par an.

L'étudiant ainsi immatriculé ne peut passer aucun examen ni acquérir aucun grade, mais il lui est délivré un livret spécial sur lequel sont notés tous les enseignements suivis et les attestations d'assiduité données par les professeurs pendant les semestres qu'il a passés à la Faculté de Strasbourg.

Il est aussi délivré à cet étudiant, au moment de son immatriculation, une carte rigoureusement personnelle, valable pour un an.

Cette carte ne peut être prêtée, elle doit être rendue à la fin de chaque année au moment de son renouvellement. Elle confère tous les droits appartenant aux étudiants en cours régulier d'études, sauf de participer aux travaux pratiques dans les Laboratoires, Instituts et Cliniques et de se présenter aux examens ou concours de la Faculté.

III.

Tout étudiant étranger peut, s'il possède certains titres, obtenus dans une université étrangère, en obtenir l'équivalence sur demande adressée à M. le Ministre de l'Instruction publique. L'équivalence obtenue, les étudiants étrangers peuvent être autorisés à faire leurs études dans les mêmes conditions que les étudiants français et même obtenir certaines dispenses de scolarité.

Toutefois le Diplôme de Docteur qui leur est décerné en fin d'études, et qui porte le nom de *Doctorat d'Université*, ne leur permet pas d'exercer la Médecine en France comme le *Doctorat d'État*.

IV.

Pour obtenir le diplôme de *Doctorat d'État*, les étudiants étrangers doivent préalablement acquérir les titres auxquels sont astreints les étudiants français, c'est-à-dire le baccalauréat et le P. C. N.

V.

Les études complètes de médecine, outre le P. C. N. comprennent aussi bien pour le Doctorat d'Université que pour le Doctorat d'État, cinq années, pour lesquelles les étudiants se font inscrire à Strasbourg par semestres ; et dans les autres Facultés françaises par trimestres.

Les droits à payer, aussi bien en vue du Doctorat d'Université que du Doctorat d'État sont de :

Inscription	60 francs par semestre.		
Travaux pratiques	30 »	»	»
Bibliothèque	5 »	»	»

L'inscription confère de droit l'immatriculation gratuite.

L'ensemble des examens pour les cinq années entraine un droit de 450 francs. Les droits de Thèse sont de 240 francs.

VI.

Les étudiants ayant au moins 8 inscriptions peuvent chaque année, vers la fin du mois d'octobre, se présenter au Concours de l'Externat des Hôpitaux. (¹) Les étudiants ayant au moins 12 inscriptions peuvent vers la même date se présenter au Concours de l'Internat des Hôpitaux.

Les Internes nommés au Concours peuvent rester en service pendant quatre années. Ils sont logés et touchent un traitement de 300 francs par mois.

VII.

Les services de la Faculté de Médecine de Strasbourg sont répartis de la façon suivante :

Institut d'Anatomie,	Directeur : M. le Professeur		FORSTER.
» de Physiologie,	Direct.: M. le Prof.		A. MAYER.
» » Physique biologique,	»	»	G. WEISS.
» » Chimie biologique,	»	»	NICLOUX.
» » Anatomie pathologique,	»	»	MASSON.
» » Histologie,	»	»	BOUIN.
» » Embryologie,	»	»	ANCEL.
» » Pharmacodynamie et Médecine expérimentale,	»	»	AMBARD.
» » Hygiène et Bactériologie,	»	»	BORREL.
» » Médecine légale,	»	»	CHAVIGNY.
Clinique Médicale A,	»	»	BARD.
» » B,	»	»	Léon BLUM.
» Chirurgicale A,	»	»	SENCERT.
» » B,	»	»	STOLZ.
» Obstétricale,	»	»	SCHICKELÉ.
» Dermatologique,	»	»	PAUTRIER.
» Ophtalmologique,	»	»	DUVERGER.
» Psychiatrique,	»	»	PFERSDORFF.
» Neurologique,	»	»	BARRÉ.
» Oto-Rhino-Laryngologique »		»	Dr CANNUT. chargé de Cours.
» Pédiatrique	»	»	ROHMER. chargé de Cours.
» Dentaire,	»	»	LICKTEIG. chargé de Cours.

______

(¹) L'hôpital de Strasbourg, avec ses nombreuses cliniques, est un des établissements les plus modernes d'Europe.

Les laboratoires de recherches, aussi bien ceux des Instituts que des Cliniques, sont ouverts aux personnes qui désirent soit se perfectionner dans une technique, soit se livrer à des travaux originaux. Lorsqu'elles ne sont pas en cours d'Études à la Faculté, elles ont à payer des frais de laboratoire, qui suivant les services, varient de 50 à 150 francs par trimestre.

Il y a lieu d'attirer tout spécialement l'attention sur les laboratoires de la Faculté de Médecine de Strasbourg, où tous les efforts tendent à faciliter la recherche scientifique.

Ces laboratoires ont été complètement réorganisés dans ces derniers temps ; les travailleurs aussi bien Étrangers que Français sont assurés d'y trouver l'accueil le plus cordial, une direction scientifique éclairée et toutes les ressources matérielles utiles à leurs recherches.

Pour obtenir des renseignements complémentaires, il suffit d'écrire au Secrétariat de la Faculté de Médecine, 10, rue Sainte-Elisabeth, *Strasbourg*.

LA FACULTÉ DES SCIENCES

Par le nombre de ses cours, la variété de ses enseignements, par ses Instituts et ses Laboratoires outillés pour la poursuite de recherches personnelles, la Faculté des Sciences de l'Université de Strasbourg occupe une des premières places parmi les Facultés scientifiques de la France.

Dans les mêmes conditions que les étudiants de nationalité française, les étudiants étrangers ont le droit de fréquenter gratuitement tous les cours magistraux qui y sont professés et qui sont publics. Seuls ceux qui désirent suivre en même temps les conférences et les travaux pratiques qui complètent ces enseignements ou qui ont l'intention de travailler dans un Institut en vue d'y poursuivre des travaux personnels sont tenus à remplir la formalité de l'immatriculation.

Pour se faire immatriculer l'étudiant étranger n'est obligé de produire aucun diplôme particulier, il lui suffit de fournir des pièces ou certificats attestant que ses études antérieures sont suffisantes pour pouvoir lui permettre de profiter des enseignements donnés à la Faculté.

L'immatriculation faite devant une Faculté est valable pour toute l'année scolaire ; elle peut être prise à n'importe quelle date de l'année en cours. Les droits à verser s'élèvent à 30 francs. Un étudiant immatriculé dans une Faculté peut se faire immatriculer gratuitement dans une autre Faculté de la même Université.

Tout étudiant immatriculé doit être muni d'un livret universitaire où sont consignés son état civil, ses actes de scolarité, les enseignements qu'il a suivis, les examens qu'il a passés. Il peut y être ajouté, sur sa demande, une mention d'assiduité avec la signature du professeur ou du Directeur d'Institut.

Les étudiants qui désirent prendre part aux travaux pratiques relatifs aux certificats d'études supérieures sont tenus d'en acquitter les droits, dont le montant varie de 40 à 100 francs par an. Les droits de laboratoire concernant les diplômes d'Université de Strasbourg et les recherches personnelles varient entre 200 et 1.000 francs par an.

Ces droits sont payables par quarts en novembre, janvier, mars et mai.

Les étudiants étrangers peuvent naturellement aspirer aux mêmes grades universitaires que les étudiants français. La Faculté des Sciences de Strasbourg délivre les certificats d'études supérieures suivants :

Mathématiques générales
Calcul différentiel et intégral
Mécanique rationnelle
Astronomie
Physique générale
Physique mathématique
Physique du Globe
Chimie générale
Chimie appliquée

Chimie physique et électro-chimie
Minéralogie
Zoologie
Biologie générale
Botanique
Physiologie générale
Géologie
P. C. N. *supérieur.*

La possession de trois de ces certificats confère le titre de licencié ès-sciences.

Mais pour se présenter aux examens relatifs à ces certificats d'études supérieures, les étudiants étrangers sont tenus de justifier du grade de bachelier ou d'un grade (certificat de maturité...) reconnu comme équivalent au baccalauréat français ; ils ont à prendre des inscriptions en vue de ces examens (4 inscriptions à 32,50 francs valables pour tous les certificats).

Les conditions d'admission à l'enseignement préparatoire aux examens du certificat d'études physiques, chimiques et naturelles (P. C. N.) sont les mêmes que celles demandées pour les certificats d'études supérieures.

Le certificat P. C. N. est indispensable aux aspirants aux études médicales ; son enseignement peut être précieux pour les jeunes gens qui ont l'intention de poursuivre des études de Sciences naturelles ou de Chimie.

Les étudiants étrangers peuvent également se faire immatriculer en vue des diplômes d'études supérieures : Mathématiques, Sciences physiques, Sciences naturelles.

Les candidats aux diplômes d'études supérieures doivent satisfaire aux épreuves suivantes :

Composition d'un travail écrit sur un sujet agréé par la Faculté.

Interrogation sur ce travail et sur des questions données trois mois à l'avance se rapportant à la même branche de science.

Enfin les étudiants étrangers peuvent obtenir le grade de docteur ès-sciences (Doctorat d'État) dans les mêmes conditions que les étudiants français; ils doivent avoir acquis les certificats d'études supérieures exigés ou justifier d'études équivalentes; ils ont à soumettre à l'examen de la Faculté une thèse renfermant des résultats nouveaux.

DIPLOMES D'UNIVERSITÉ

La Faculté des Sciences de l'Université de Strasbourg délivre en outre des titres universitaires auxquels les étudiants étrangers peuvent prétendre dans les mêmes conditions que les étudiants français.

Ces titres sont les suivants:

I. — Certificat universitaire d'études supérieures de Mathématiques, Physique et Chimie (M. P. C.) pour lequel il n'est exigé aucun diplôme antérieur. La scolarité normale demandée est de deux semestres.

II. — Le diplôme d'études supérieures de Géophysicien avec les mentions: météorologiste, aérologiste, sismologue, pour la préparation duquel la durée normale des études est de 4 semestres. Les candidats de nationalité étrangère y sont admis s'ils justifient d'études équivalentes au baccalauréat français.

III. — Le diplôme d'Ingénieur-chimiste. La durée normale des études est de six semestres. Le nombre des étudiants admis est *limité*; les étudiants étrangers ont à justifier d'études équivalentes au baccalauréat 2e partie: Mathématiques; quelques places sont reservées aux étudiants ne possédant pas le diplôme exigé ou qui ne sont pas fait inscrire en temps utile; ces places sont attribuées après un concours qui a lieu à la fin d'octobre.

IV. — Le diplôme d'études chimiques supérieures du Pétrole, pour lequel la scolarité normale est de quatre semestres. Sont admis les étudiants munis d'un diplôme d'Ingénieur-chimiste ou de la licence ès-sciences (avec certificats obligatoires de Chimie générale et de Chimie appliquée) ou qui justifient d'études équivalentes.

V. — Le diplôme de Géologue-Ingénieur. Durée normale des études: quatre semestres. Les candidats doivent avoir obtenu au préalable le certificat universitaire d'études supérieures de Mathématiques, Physique et Chimie (M. P. C.) ou fournir la preuve d'études équivalentes.

VI. — Enfin les étudiants étrangers peuvent obtenir le titre de Docteur de l'Université de Strasbourg (Mention: Sciences) dans les mêmes conditions que les étudiants français. Les conditions d'études antérieures exigées sont: trois certificats d'études supérieures ou diplômes et titres soumis à l'examen de la Faculté et pouvant être considérés comme équivalents. Les aspirants sont astreints à justifier de deux semestres de scolarité à la Faculté des Sciences de Strasbourg. Les épreuves comprennent:

1º la soutenance d'une thèse contenant des recherches personnelles soumise à l'examen préalable de la Faculté. Cette thèse après avoir été acceptée par la Faculté, doit être imprimée aux frais du candidat avant la soutenance.

2º des épreuves orales proposées par la Faculté sur la branche de la Science qui fait l'objet de la thèse.

Les étudiants désireux de poursuivre des études devant la Faculté des Sciences de Strasbourg ont intérêt, s'ils veulent obtenir des renseignements complémentaires, à écrire au Secrétariat de la Faculté des Sciences, 8¹, Place de l'Université, à Strasbourg (Bas-Rhin) en indiquant d'une façon précise les études qu'ils désirent entreprendre et les diplômes qu'il ont déjà acquis ou les études qu'ils ont faites antérieurement.

Ils pourront trouver, d'autre part, une indication précieuse sur les enseignements donnés dans la liste ci-dessous des cours professés pendant l'année scolaire en cours.

1er Semestre (3 novembre au 28 février),

2e Semestre (1er mars à fin juin).

MATHÉMATIQUES GÉNÉRALES:
M. THIRY: *Mathématiques préparatoires. Introduction au calcul différentiel et intégral et à la Mécanique.*
M. FLAMANT: *Éléments de Géométrie analytique et de Mécanique.*

CALCUL DIFFÉRENTIEL ET INTÉGRAL:
M. VALIRON: *Opérations générales du calcul différentiel et intégral. Équations différentielles. Fonctions analytiques.*
M. ANTOINE: *Géométrie infinitésimale.*

MÉCANIQUE RATIONNELLE:
M. VILLAT: *Statique. Éléments généraux de la Dynamique. Dynamique des systèmes.*
M. VÉRONET: *Cinématique. Exercices de Mécanique.*

ASTRONOMIE:
M. ESCLANGON: *Astronomie générale. Astronomie planétaire et stellaire.*

ANALYSE SUPÉRIEURE:
M. FRÉCHET: *Étude des types de dimensions et de la notion d'intégrale dans un champ fonctionnel. — Notions élémentaires sur l'interpolation et l'ajustement des données numériques. — Travaux pratiques.*

THÉORIE DES FONCTIONS:

M. VALIRON: *Fonctions elliptiques et théorème de M. Picard.*

PHYSIQUE MATHÉMATIQUE:

M. VILLAT: *Étude de certaines fonctions particulières (Laplace, Legendre, Fourier, Bessel, etc.) et de leur emploi en Physique mathématique.*

M. BAUER: *Théories statistiques de la chaleur.*

M. THIRY: *Éléments d'hydrodynamique et problèmes modernes concernant la résistance des fluides.*

PHYSIQUE GÉNÉRALE:

M. P. WEISS: *Thermodynamique. — Magnétisme: Faits expérimentaux et Théorie.*

M. OLLIVIER: *Vibrations, Acoustique, Optique ondulatoire. — Optique physique. — Électro-optique.*

M. FOËX: *Électrostatique, Magnétisme. — Électrodynamique et électromagnétisme.*

PHYSIQUE DU GLOBE:

M. ROTHÉ: *Météorologie générale et aérologie. — Télégraphie, Téléphonie. Radiotélégraphie. Applications.*

M. LABROUSTE: *Généralités. Mesures. Gravitation. Réfraction atmosphérique. Phénomènes optiques de l'atmosphère. Sismologie.*

M. REMPP: *Météorologie générale; prévision du temps.*

CHIMIE GÉNÉRALE:

M. MULLER: *Lois générales de la Chimie.*

CHIMIE PHYSIQUE ET ÉLECTROCHIMIE:

M. MULLER: *Équilibres chimiques. Étude des solutions. Vitesse des réactions.*

M. ROMANN: *Électrochimie.*

CHIMIE MINÉRALE:

M. HACKSPILL: *Métalloïdes.*

M. CORNEC: *Métaux.*

CHIMIE ORGANIQUE:

M. GAULT: *Étude des fonctions simples et complexes.*

M. STAEHLING: *Introduction à la Chimie organique.*

CHIMIE APPLIQUÉE:

M. HACKSPILL: *Les combustibles solides et gazeux. — Les industrie de l'Azote.*

M. GAULT: *Les corps gras. — Combustibles liquides.*

M. CORNEC: *Alliages métalliques. — Céramique.*

M. STAEHLING: *La fermentation et les industries qui en dérivent. — Produits pharmaceutiques. Parfums.*

MINÉRALOGIE :
  M. G. FRIEDEL : *Cristallographie. — Description des espèces minérales.*

ZOOLOGIE ET ANATOMIE COMPARÉE :
  M. TOPSENT : *Vers.*
  M. BOUNOURE : *Anatomie comparée des Vertébrés. Système nerveux et organes des sens.*

BIOLOGIE GÉNÉRALE ET EMBRYOGÉNIE EXPÉRIMENTALE :
  M. CHATTON : *Les Protistes; bases de la Cytologie générale. Cycles évolutifs et sexualité; parasitisme et rôle pathogène. — La variation. L'hybridation. Étude expérimentale de l'hérédité.*
      Conférences et démonstrations de technique cytologique et embryologique.
  M. DE BEAUCHAMP : *Parthénogénèse naturelle et expérimentale.*

BOTANIQUE :
  M. HOUARD : *Champignons. — Dialypétales superovariées.*
  M. LAGARDE : *Morphologie de l'appareil végétatif. Algues et Bryophytes. Influence des milieux sur les végétaux. — Sexualité. Parthénogénèse. Apogamie. — Apétales et Diyalypétales inférovariées.*
  M. KILLIAN : *La nutrition chez les végétaux.*

PHYSIOLOGIE GÉNÉRALE :
  M. TERROINE : *Digestion, absorption et métabolisme intermédiaire (dégradation et synthèse) des substances protéiques, des hydrates de carbone et des graisses dans l'organisme animal.*
      Les actions diastasiques; leur mécanisme; leurs applications dans l'industrie et l'agronomie.

PHYSIQUE BIOLOGIQUE :
  M. VLES : *Chimie physique biologique. — Spectroscopie; radiations; pigments. — Phénomènes de surface, état colloïdal. — La couleur chez les êtres vivants. — Propriétés physiques des muscles.*

GÉOLOGIE ET PALÉONTOLOGIE :
  M. GIGNOUX : *Stratigraphie générale. — Paléontologie. — Géologie élémentaire et appliquée.*

PÉTROGRAPHIE :
  M. Jacques de LAPPARENT : *Les roches sédimentaires, éléments constitutifs et systématiques. Phénomènes de métamorphisme. La formation des sols.*

ENSEIGNEMENTS ET TRAVAUX PRATIQUES DU P. C. N.

Physique : M. Ribaud.
Chimie : MM. Romann et Staehling.
Zoologie : M. Bounoure.
Botanique : M. Killian.

INSTITUTS DE LA FACULTÉ DES SCIENCES

Tous les services d'enseignements et de travaux pratiques de la Faculté des Sciences de Strasbourg sont groupés par ordre de services dans les Instituts suivants :

Institut des Sciences Mathématiques
(Palais de l'Université) Directeur M. Fréchet

Institut de Physique (rue de l'Université) . . . . »   M. P. Weiss.

»   » Physique du Globe (38, Boulevard d'Anvers)   »   M. E. Rothé.

»   » Chimie (rue Gœthe) .   »   M. P. Th. Muller.

»   » Botanique (rue de l'Université) . . . .   »   M. C. Houard.

»   » Physiologie générale (rue de l'Université) .   »   M. E. Terroine.

»   » Zoologie (rue de l'Université) . . . .   »   M. E. Topsent.

» des Sciences géologiques .   »   M. G. Friedel.

Les travaux pratiques et les recherches d'Astronomie ont lieu à l'Observatoire de Strasbourg . . Directeur M. E. Esclangon.

LA FACULTÉ DES LETTRES

Il suffit à tout étranger, pour être admis comme étudiant à la Faculté des Lettres, de s'être fait *immatriculer* au Secrétariat de cette Faculté (8, place de l'Université). Cette *immatriculation* a lieu sur simple présentation par l'intéressé de son acte de naissance, ou de toute autre pièce d'identité en tenant lieu (par exemple, un passeport), et d'un diplôme ou d'un certificat attestant ses études antérieures; une simple autorisation du Doyen de la Faculté des Lettres peut, le cas échéant, suppléer cette dernière pièce.

L'immatriculation comporte le paiement d'un droit fixe annuel de 30 francs (20 francs de droit d'immatriculation et 10 francs de droit de bibliothèque).

Toute personne immatriculée reçoit une carte d'étudiant. L'étudiant immatriculé a le droit de suivre tous les cours et conférences de la Faculté des Lettres et des autres Facultés, en même temps que de travailler à la salle de travail de la Bibliothèque de l'Université et de bénéficier du prêt des livres à domicile. Il peut en outre obtenir du ou des professeurs dont il suit l'enseignement l'autorisation de travailler dans tel ou tel institut de la Faculté. Il peut enfin, à l'issue du semestre, faire certifier par ce ou ces professeurs son assiduité aux cours. Il participe donc de façon entière à tous les travaux de la Faculté.

L'étudiant désireux d'obtenir par un examen la sanction officielle des études qu'il a faites à la Faculté des Lettres est admis à subir les épreuves de l'un ou de plusieurs *certificats d'études supérieures* que délivre la Faculté. Il doit seulement, à cet effet, prendre une ou plusieurs *inscriptions* au Secrétariat de la Faculté, à raison d'une inscription par certificat. Le droit d'inscription à payer est de 32,50 francs ; le droit d'examen pour un certificat, de 25 francs (pour les bacheliers) ou de 35 francs (pour les non-bacheliers).

Chaque discipline offre plusieurs certificats dont chacun peut être pris isolément ou que l'étudiant peut grouper comme il l'entend. Le certificat isolé est une attestation d'études supérieures faites à la Faculté des Lettres de Strasbourg sur une matière spéciale.

Les certificats, groupés au nombre de *quatre*, au choix du candidat, constituent la *licence;* groupés également au nombre de quatre suivant des combinaisons prévues pour chacune des principales disciplines (I. philosophie ; II. lettres ; III. histoire et géographie ; IV. langues vivantes), ils constituent une *licence d'enseignement* avec mention *philosophie*, ou *lettres*, ou *histoire et géographie*, ou *langues vivantes*. La licence est un examen d'État accessible aux étrangers, à la seule condition qu'ils aient le baccalauréat français ou une attestation d'études secondaires reconnue équivalente au baccalauréat par le Ministre de l'Instruction publique. Chacun des certificats dont le groupement constitue la licence peut d'ailleurs être obtenu séparément par tout étranger, sans aucune condition spéciale.

L'étudiant étranger trouve donc une pleine liberté tant dans le choix de ses études que dans le choix des certificats sanctionnant celle-ci. Ces *certificats d'études supérieures*, délivrés par la Faculté des Lettres à la suite d'épreuves variant suivant les matières de l'examen, sont les suivants :

Certificats des licences d'enseignement (susceptibles, d'ailleurs, d'être pris isolément) :

I. Philosophie
    1º Histoire générale de la philosophie.
    2º Psychologie.
    3º Philosophie générale et logique.
    4º Morale et sociologie.

II. Lettres
    1º Études grecques.
    2º Études latines.
    3º Littérature française.
    4º Grammaire et philologie.

III. Histoire et Géographie
    1º Histoire ancienne.
    2º Histoire du moyen-âge.
    3º Histoire moderne et contemporaine.
    4º Géographie.

IV. Langues vivantes
    1º Études littéraires classiques.
    2º Littérature étrangère (avec mention *allemand*, ou *anglais*, ou *italien*, ou *espagnol*, ou *russe*).
    3º Philologie (avec mention . . . etc. id.)
    4º Études pratiques (avec mention . . . etc. id.)

Certificats libres (qui peuvent être pris isolément ou groupés au gré du candidat):

V. Langues orientales
    1º Égyptologie.
    2º Papyrologie.
    3º Langue et littérature sanscrites.
    4º Assyriologie.
    5º Arabe littéral.
    6º Arménien.
    7º Iranien.

VI. Philologie et littérature
    8º Linguistique et grammaire comparée.
    9º Philologie slave (avec mention *polonais*, ou *tchèque*, ou *serbo-croate*, ou *bulgare*).
    10º Linguistique romane.
    11º Histoire comparée des littératures romanes au Moyen-âge.
    12º Histoire de la grammaire et de la langue française.
    13º Littérature française du Moyen-âge.
    14º Littérature française classique.
    15º Littérature française du XIXᵉ siècle.
    16º Littératures modernes comparées.

VII. Histoire et géographie.
    17º Archéologie et histoire de l'art.
    18º Antiquités nationales.
    19º Histoire de France.
    20º Histoire d'Alsace.
    21º Histoire des religions.
    22º Histoire des temps modernes.
    23º Histoire contemporaine.
    24º Histoire économique et sociale.
    25º Géographie physique.
    26º Géographie humaine.

En plus des certificats d'études supérieures ci-dessus désignés, les étudiants étrangers peuvent obtenir, après soutenance devant la Faculté des Lettres d'une thèse imprimée dont le sujet a préalablement été approuvé par celle-ci, le diplôme de docteur de l'Université de Strasbourg (droits à acquitter: 8 inscriptions à 32,50 francs et un droit d'examen de 100 francs). Ils peuvent obtenir aussi, s'ils ont le grade de licencié, le diplôme d'État de docteur ès-lettres (droit à acquitter: 145 francs).

* * *

Les enseignements donnés à la Faculté des Lettres sont les suivants:

I. Philosophie.

Philosophie dogmatique: M. PRADINES.
Histoire de la philosophie: M. GUEROULT.
Psychologie: M. BLONDEL.
Sociologie et pédagogie: M. HALBWACHS.

II. Langues et civilisations de l'Orient.

Directeur d'études: M. Silvain LEVI.
Langue et littérature sanscrites: M. COURTILLIER.
Égyptologie: M. MONTET.
Assyriologie: M. l'Abbé DENNEFELD.
Arabe, éthiopien et turc: M. Ch. JAEGER.
Iranien, arménien et géorgien: M. KARST.

III. Linguistique générale et grammaire comparée.

M. JURET.

IV. Langues et littératures anciennes classiques.

Philologie grecque: M. ROUSSEL.
Papyrologie: M. COLLOMP.
Philologie latine: M. VALLETTE.

V. Langue et littérature françaises.

Histoire des langues romanes: M. HŒPFFNER.
Histoire de la langue française: M. TERRACHER.
Histoire de la littérature française (Moyen-âge et Renaissance: M. COHEN.
Histoire de la littérature française (période classique): M. GILLOT.
Histoire de la littérature française (période moderne et contemporaine): M. LANGE.

VI. Langues et littératures italiennes et espagnoles.

Langue et littérature italiennes: M. MAUGAIN.
Langue et littérature espagnoles: M. KOHLER.
(Exercices pratiques d'italien: M. TACCHINI, lecteur).
(Exercices pratiques d'espagnol: M. del RIO, lecteur).

VII. Langues et littératures allemandes.

Linguistique germanique: M. Ernest-Henri LEVY.
Histoire de la littérature allemande (Moyen-âge et période
classique): M. TONNELAT.
Histoire de la littérature allemande (période moderne):
M. SPENLÉ.
Civilisation allemande: M. VERMEIL.
(Exercices pratiques d'allemand: M. SCHLAGDENHAUFEN,
lecteur).

VIII. Langue et littérature anglaises.

Langue et littérature anglaise: M. KOSZUL.
Philologie anglaise: M. PONS.
(Exercices pratiques d'anglais: M. PRICE, lecteur).

IX. Langues et littératures slaves.

Langues et littératures slaves: M. MAZON.
(Exercices pratiques de russe: M. KARTSEVSKI, lecteur).

X. Littératures modernes comparées.

M. F. BALDENSPERGER.

XI. Histoire.

Histoire d'Orient et histoire grecque: M. CAVAIGNAC.
Histoire romaine: M. PIGANIOL.
Histoire du Moyen-âge: M. Marc BLOCH.
Histoire moderne: M. FEBVRE.
Histoire contemporaine: M. PARISET.
Sciences auxiliaires de l'histoire: M. KIENER.
Histoire d'Alsace: M. PFISTER.
Antiquités nationales et rhénanes: M. GRENIER.
Histoire des religions: M. ALFARIC.
Histoire de l'art (antiquité et Moyen-âge): M. PERDRIZET.
Histoire de l'art (de la Renaissance et de l'époque mo-
derne): M. ROCHEBLAVE.
Histoire de la musique: M. GEROLD.

XII. Géographie.

M. BAULIG.

Chacun de ces enseignements est doté d'un institut, où se trouvent mis à la disposition des étudiants tous les moyens essentiels (répertoires, manuels, périodiques) relatifs à chaque discipline. Ces instituts constituent autant de bibliothèques spéciales ajoutant leurs ressources au riche fonds de la Bibliothèque de l'Université (plus d'un million de volumes).

*   *

A ces enseignements réguliers de la Faculté des Lettres est adjoint un *Institut d'études françaises modernes* créé par celle-ci en vue de procurer aux étudiants étrangers : 1º la pratique de la langue française écrite et parlée ; 2º une connaissance rationnelle de la civilisation française contemporaine. Cet Institut fonctionne pendant le semestre d'hiver (du 1er novembre au 28 février) et pendant le semestre d'été (du 1er mars au 30 juin). Il offre en outre du 1er juillet au 30 septembre, des *cours de vacances* divisés en 2 séries dont chacune forme un ensemble indépendant d'études : du 1er juillet au 15 août et du 16 août au 30 septembre. L'enseignement est donné par des professeurs de l'Université qui sont assistés de collaborateurs empruntés à l'enseignement public français.

Les étudiants simplement désireux d'avoir la consécration officielle de leur connaissance de la langue, de la littérature et de la civilisation françaises peuvent subir les épreuves en vue de l'obtention du *certificat d'études françaises modernes*, ou à un degré supérieur, du *diplôme d'études françaises modernes*: série A, pratique du français ; série B: connaissance rationnelle de la France ; les droits d'inscription afférents à cet Institut sont de 90 francs, par semestre pour une série, et de 150 francs pour les deux séries (en plus du droit d'immatriculation). Les *cours de vacances* comportent une inscription de 80 francs pour 4 semaines, 120 francs pour 6 semaines, 150 francs pour 8 semaines et 180 francs pour 12 semaines.

Le *certificat d'études françaises modernes* peut être obtenu après un semestre d'études, ou une période complète des cours de vacances ; le *diplôme supérieur d'études françaises*, après deux semestres d'études ou après un semestre d'études et une période complète des cours de vacances.

L'Institut d'études françaises modernes et les certificats ou diplômes qu'il délivre ont été particulièrement créés en vue des besoins des étudiants étrangers se destinant à l'enseignement du français dans leur pays ou le pratiquant déjà.

Parallèlement aux cours de vacances de l'Institut d'études françaises modernes, il est organisé chaque été des *cours de vacances d'allemand* destinés à donner aux étudiants la pratique de l'allemand écrit et parlé en même temps qu'une initiation à l'étude de l'Allemagne contemporaine. Ces cours sont faits en allemand par des professeurs appartenant depuis de longues années soit à l'Université de Strasbourg, soit à divers établissements d'enseignement public de l'Alsace et ayant une connaissance parfaite de la langue allemande et des choses d'Allemagne. Les prix d'inscription à ces cours sont de 60 francs pour 4 semaines, 80 francs pour 6 semaines, 100 francs pour 8 semaines et 120 francs pour 12 semaines.

Il est établi un tarif réduit en faveur des auditeurs qui s'inscrivent simultanément aux cours de vacances de français et à ceux d'allemand.

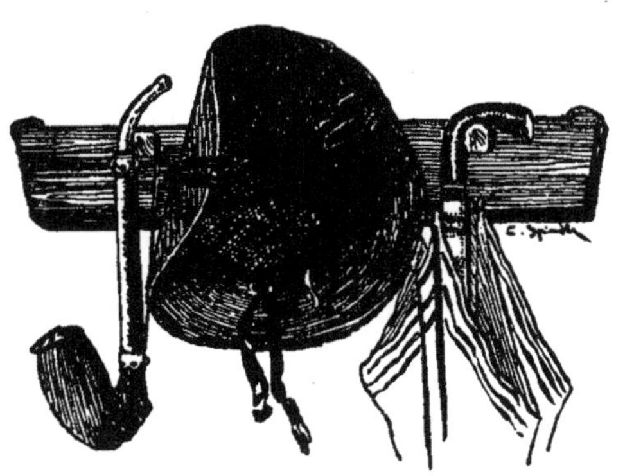

LA FACULTÉ DE PHARMACIE

Tout Étudiant étranger désireux de se faire immatriculer à la Faculté de Pharmacie de Strasbourg n'a qu'à se présenter au Doyen. Si l'Étudiant présente des pièces suffisantes prouvant qu'il peut profiter des enseignements de la Faculté, l'autorisation de s'immatriculer *lui est immédiatement accordée.*

Il a, dès lors, la possibilité de suivre les cours et les exercices pratiques. Pour suivre ces derniers, il doit verser un droit trimestriel.

Un certificat d'assiduité peut être délivré par chacun des Professeurs dont l'Étudiant a suivi les cours.

Diplôme de Pharmacien de l'Université,
Diplôme de Docteur de l'Université (mention Pharmacie).

L'Étudiant étranger peut postuler l'un des titres universitaires institués à la Faculté par arrêtés de M. le Ministre de l'Instruction Publique :

1º Diplôme de Pharmacien de l'Université

Pour être admis à postuler le diplôme, il lui suffit de prouver qu'il a subi avec succès l'examen de validation de stage soit à l'étranger, soit en France. S'il n'a pas encore obtenu son certificat de validation de stage, il peut subir l'examen à la Faculté de Strasbourg en présentant les pièces justificatives de 2 années de stage ; stage accompli en France ou à l'étranger.

La durée des études universitaires pour l'obtention du Diplôme de la Faculté de Strasbourg *dure 4 semestres.* Pendant ce temps l'Étudiant devra suivre des cours et des exercices pratiques. Le droit trimestriel à verser pour les manipulations est de 175 francs. Après ces 4 semestres, l'Étudiant sera interrogé sur les cours suivants : Chimie minérale (cours de 2 semestres) ; Chimie organique (2 semestres) ; Chimie analytique (2 semestres) ; Toxicologie (1 semestre) ; Physique (2 semestres) ; Botanique (2 semestres) ; Matière Médicale (2 semestres) ; Pharmacie chimique (2 semestres) ; Pharmacie galénique (2 semestres). Le diplôme est délivré après que le candidat aura subi avec succès à la fin de ses études les deux examens suivants :

1er Examen : *a)* Épreuves pratiques : Une analyse qualitative.
— Un dosage volumétrique. — Un dosage pon-
déral. — Une analyse toxicologique.
b) Épreuves orales : Chimie minérale et organique. — Chimie analytique et Toxicologie.
— Physique.

2e Examen : *a)* Épreuves pratiques : Une épreuve de micrographie. — Une préparation de Pharmacie
galénique. — Un essai de médicament.
b) Épreuves orales : Botanique. — Matière Médicale. — Pharmacie chimique et galénique.

2º *Diplôme de Docteur de l'Université (mention Pharmacie)*

Pour obtenir ce diplôme, l'étudiant étranger doit présenter son diplôme de Pharmacien, obtenu soit à l'étranger, soit en France.

Il doit exécuter des recherches originales, sous la direction d'un des Professeurs de la Faculté. Les résultats soumis à un Jury de 3 Membres, étant jugé suffisants, le candidat fait imprimer son mémoire et soutient publiquement sa thèse.

Les droits de manipulations sont fixés à 175 francs par trimestre. Le droit de diplôme est de 100 francs.

Indépendamment de ces titres universitaires, la Faculté de Pharmacie délivre le grade d'État de Pharmacien et celui de Pharmacien supérieur.

Ces grades sont accessibles aux étrangers, mais ils doivent justifier du grade de bachelier français.

Les études pour l'obtention du grade d'État de Pharmacien durent 4 années (8 semestres).

Pour obtenir le grade de Pharmacien supérieur, il faut être pourvu du grade d'État de Pharmacien, et accomplir une cinquième année d'études, validée par un examen et la soutenance d'une Thèse originale acceptée par la Faculté.

Les licenciés ès-Sciences physiques ou ès-Sciences naturelles pourvus du grade d'État de Pharmacien sont dispensés de cette cinquième année d'études et de l'examen. Ils ne sont astreints qu'à la soutenance d'une Thèse.

Ces grades d'État sont fait beaucoup plus pour les étudiants français que pour les étrangers ; ils comportent des exigences scolaires adaptées aux mœurs françaises.

Les titres universitaires mentionnés plus haut ont été faits pour permettre aux étudiants étrangers de trouver dans les Universités françaises un accès facile. Ils n'exigent d'eux qu'un séjour de courte durée, leur permettant même de n'y venir passer qu'un ou deux semestres afin de s'initier aux méthodes françaises. Dans le cas où l'étranger désire prendre le titre de Pharmacien en France, il trouve alors des études comparables à celles qu'il serait obligé de faire dans la plupart des autres Universités étrangères, qui presque toutes n'exigent que quatre semestres universitaires.

Les enseignements donnés à la Faculté sont les suivants :

Chimie minérale	*Botanique*
Chimie organique	*Botanique cryptogamique*
Chimie analytique	*Microbiologie (Bactériologie)*
Chimie biologique	*Matière médicale*
Toxicologie	*Pharmacie chimique*
Hydrologie et Hygiène	*Pharmacie galénique*
Physique	*Législation et Déontologie*
Zoologie et Parasitologie	

Les Laboratoires de manipulations permettent aux Étudiants de s'initier aux dosages chimiques (volumétriques et pondéraux) à l'essai des médicaments, aux recherches toxicologiques, à l'analyse des liquides biologiques (normaux et pathologiques), à l'analyse des matières alimentaires, à la micrographie, à l'étude des parasites de l'homme (animaux et végétaux), aux analyses microbiologiques et réactions biochimiques.

RENSEIGNEMENTS UNIVERSITAIRES

Administration.

Directeur-Général de l'Instruction Publique d'Alsace et de Lorraine et Recteur de l'Académie de Strasbourg : M. CHARLÉTY, 6 rue de la Toussaint, Strasbourg, Téléphone 35-24.

Directeur de l'Enseignement Secondaire : M. SCHLIENGER, 6 rue de la Toussaint, Strasbourg.

Directeur de l'Enseignement Primaire : M. AUBIN, 6 rue de la Toussaint, Strasbourg.

Directeur de l'Enseignement Technique : M. ROUX, Ministère Est, place de la République, Strasbourg.

Inspecteur d'Académie pour le Département du Bas-Rhin : M. HOURTICQ, Préfecture du Bas-Rhin, 7 avenue de la Marseillaise, Strasbourg.

Inspecteur d'Académie pour le Département du Haut-Rhin : M. BRUNET, Préfecture du Haut-Rhin, 7, rue Bruat, Colmar.

Académie.

Bureaux de l'Académie : 6, rue de la Toussaint. Ouverts tous les jours non fériés, de 10 à 12 heures et de 15 à 17 heures.

Secrétariats.

1º Secrétariat des Facultés de *Théologie Protestante, Théologie Catholique, Droit* et *Lettres*, 8, place de l'Université. Ouvert de 8 à 12 heures et de 2 à 5 heures.

2º Secrétariat de la Faculté des *Sciences*, 8^1, place de l'Université. Ouvert de 10 à 12 heures et de 3 à 5 heures.

3º Secrétariat de la Faculté de *Médecine*, 10, rue Sainte-Elisabeth. Ouvert de 10 heures à midi.

4º Secrétariat de la Faculté de *Pharmacie*, 8^1, place de l'Université. Ouvert de 9 h. $^1/_2$ à 12 heures et de 2 h. $^1/_2$ à 5 heures.

Caisse de l'Université.

Tous les droits scolaires sont versés à la Caisse de l'Université, située dans le Palais de l'Université. Elle est ouverte tous les jours non fériés de 9 à 11 heures et de 14 à 16 heures.

Caisse de Maladie.

En cas de maladie, les étudiants reçoivent gratuitement les soins médicaux dans une clinique, et les médicaments ; ils ont droit à l'hospitalisation dans les cas graves. Ils sont astreints à un versement annuel de 7 fr. 50 à cette caisse de maladie.

Salle de lecture de l'Université.

Une salle de lecture, spécialement consacrée aux journaux et périodiques de tout ordre, est constituée dans le Palais de l'Université. Les étudiants y ont accès moyennant un abonnement de 5 francs par semestre (payable au surveillant).

Cette salle est ouverte tous les jours de 8 à 12 heures et de 14 à 19 heures, les dimanches et jours fériés de 10 heures à midi.

SOCIÉTÉ DES AMIS DE L'UNIVERSITÉ DE STRASBOURG,
2, rue Geiler.

Secrétaire général ; Docteur F. DOLLINGER

Elle a été fondée en 1919, par le Docteur Pierre Bucher, pour favoriser le développement de l'Université de Strasbourg et lui donner des moyens supplémentaires d'action et de rayonnement. Elle se préoccupe, en particulier, des questions concernant la vie pratique de l'étudiant.

Elle comprend des membres titulaires (20 francs par an, 5 francs pour les étudiants en cours d'études), des membres fondateurs et donateurs. Présidée par M. Raymond Poincaré, elle a pour président d'honneur M. A. Millerand, et compte dans son Comité de direction des représentants de toutes les forces vives de l'Alsace et de la Lorraine.

BUREAU DE RENSEIGNEMENTS POUR LES ÉTUDIANTS ÉTRANGERS

Palais de l'Université, salle I (rez-de-chaussée à gauche), Téléphone No 49.52.

Répond à toutes les demandes relatives à la scolarité et à l'installation matérielle des étudiants étrangers.

Ouvert de 10 h. 30 à 12 heures et de 16 à 17 heures.

FOYER UNIVERSITAIRE

Œuvre fondée dans le but d'améliorer la situation matérielle et morale des étudiants.

Un immeuble appartenant à l'Université, et situé 1, quai Dietrich et place de l'Université, a été affecté au «Foyer Universitaire», dans le but d'y organiser des logements. On y trouve, pour le moment, *70 chambres meublées* pour étudiants (50 à 80 francs par mois, service et éclairage compris). Une chambre de travail commune est chauffée tout l'hiver pour les pensionnaires.

Pour tous renseignements s'adresser à M. Ducros, ancien doyen, directeur du «Foyer Universitaire».

LOGEMENTS

Outre le « Foyer Universitaire », les étudiants trouveront à se loger dans de nombreux hôtels et pensions, dont le *Bureau des Étudiants étrangers* (à l'Université) peut leur fournir une liste complète avec indication des prix.

ENSEIGNEMENT EXTRA-UNIVERSITAIRE

I. Établissements secondaires officiels:

Lycée Fustel de Coulange, 1, place du Château. *Proviseur:* M. DESPOIS.

Lycée Kléber, 30, rue du Maréchal Foch. Téléphone 32.96. *Proviseur:* M. LAMARCHE.

Lycée de Jeunes-Filles, 1, rue des Pontonniers. *Directrice:* Mlle BELUGOU.

Établissements privés:

Gymnase catholique, Place St-Etienne. *Directeur:* M. KIEFFER.

Gymnase protestant, 8, rue des Étudiants. Téléphone 13.57. *Directeur:* M. JÆGER.

II. École des Arts décoratifs (municipale), 1, rue de l'Académie. *Directeur:* M CARABIN.

Leçons de peinture, sculpture, céramique, ferronnerie. Cours d'histoire de l'art. Anatomie appliquée à la sculpture. Cours libres le matin.

III. Institut commercial d'Enseignement supérieur, 19, rue Erckmann-Chatrian. M. FRIEDEL, *directeur.*

L'enseignement de l'institut prépare aux fonctions directrices dans les grandes entreprises commerciales, industrielles, financières, ainsi qu'aux carrières privées ou publiques, dans lesquelles un complément de connaissances sur l'organisation et l'administration des affaires est indispensable: ingénieurs, avocats-conseil, agents commerciaux et diplomatiques, consulaires et coloniaux, enseignements professionnels.

IV. **École technique de Strasbourg**, Rue Schoch.

    Dépend du service de l'enseignement technique.

    Elle comprend cinq sections (bâtiment, travaux publics, mécanique, électricité, géomètres) et un atelier d'apprentissage.

V. **École Berlitz**, 19, rue du 22-Novembre, Téléphone 35.04.

VI. **École Pigier**, 6, rue d'Alsace. *Directeur :* M. BOURQUIN. Téléphone N° 12.

    Enseignement: langues, sténo, dactylo, droit, comptabilité, publicité, finance ; cours de commerce complet.

VII. **École Moderne**, 6, rue Schweighäuser. Téléphone 33.28. *Directeur :* M. P. DEVILLEPOIX.

    Enseignement pratique du commerce et des langues vivantes.

VIII. **École de Formation sociale.**

    BUT : Donner un enseignement préparatoire à la vie sociale ; préparer aux carrières sociales.

    MOYENS : 1° Enseignement général de science sociale ; 2° Cours d'application pratique, comportant visites et stages.

    Les cours commencent le 15 novembre et ont lieu les mardis, jeudis et vendredis, de 18 h. $\frac{1}{4}$ à 19 h. $\frac{1}{4}$, à la Chambre des métiers, 2, rue Baldung.

    Droits d'inscription : 50 francs par an, payables en deux termes.

    S'adresser à la secrétaire : Mlle Heitz, 5, place du Château (chambre 20), Strasbourg.

CONSERVATOIRE DE MUSIQUE (MUNICIPAL)
Place de la République,
Directeur : M. GUY ROPARTZ.

Enseignement théorique : solfège, harmonie, composition, histoire de la musique.

Enseignement vocal : chant individuel et d'ensemble, déclamation lyrique.

Enseignement instrumental : instruments à vent, à cordes, à clavier ; cours d'ensemble (orchestre).

On admet au *Chœur du Conservatoire* des exécutants autres que les élèves réguliers.

BIBLIOTHÈQUES

I. **Bibliothèque Universitaire et Régionale**, place de la République.
Plus d'un million de volumes, extrêmement riche en *ouvrages anciens;* elle offre ce caractère unique d'être à la fois une *grande bibliothèque française,* suivant attentivement tout le mouvement de la librairie française, et une *bibliothèque de livres et de revues allemands* aussi riche que les plus riches bibliothèques universitaires de l'Allemagne même. Deux *catalogues* par fiches, l'un alphabétique, l'autre méthodique, permettent d'utiliser aux mieux les ressources de l'établissement (ils se trouvent au premier étage, à droite, salles 18 et 19).

La bibliothèque est ouverte tous les jours de 8 h. 30 à 12 heures et de 14 h. à 17 heures; le samedi, seulement de 8 h. 30 à 12 heures. En dehors des dimanches et jours de fêtes légales, elle ne ferme que pendant la Semaine sainte et celle de Noël (24-31 décembre). En août et septembre, elle reste ouverte tous les matins de 8 h. 30 à 12 heures, sauf du 25 au 31 août. Le SERVICE DU PRÊT fonctionne les jours d'ouverture, de 11 à 12 heures et de 15 à 16 h. 30.

— La bibliothèque possède, en outre, une SALLE DE LECTURE ET DE TRAVAIL claire et confortable.

II. **Bibliothèque municipale**, 8, place de l'Hôpital.
Elle compte environ 150.000 volumes. Ouverte pour le PRÊT, tous les jours non fériés, de 9 heures à midi et de 15 à 18 heures, sauf le samedi où elle n'est ouverte l'après-midi que jusqu'à 17 heures.

La SALLE DE LECTURE est ouverte au publique tous les jours nons fériés de 11 à 12 heures et de 14 à 19 heures. Conservateur: M. G. DELAHACHE.

III. **Bibliothèque populaire**, à l'ancienne gare, rue des Halles. — Prêt tous les jours, de 10 à 13 heures et de 17 à 20 heures. Gratuit.

IV. **Archives**.
ARCHIVES DE LA VILLE, 8, place de l'Hôpital, dans le bâtiment de la bibliothèque municipale.
ARCHIVES DÉPARTEMENTALES, rue Fischart, Nos 5-7. — Ouvert tous les jours (excepté le dimanche), de 9 à 15 heures. Entrée gratuite.

MUSÉES

I. **Musée Municipal.** Château des Rohan.

> *a)* MUSÉE DES BEAUX-ARTS. — Peintures et sculptures du XVᵉ au XXᵉ siècle (ouvert de 10 à 12 heures et de 14 à 17 heures, (dimanches après-midi exceptés, en été). Entrée 1 franc, gratuite jeudis et dimanches).

> *b)* MUSÉE DES ARTS DÉCORATIFS. — Mobilier et décorations du XVIIIᵉ siècle ; orfèvrerie, horlogerie, étains, bronzes, ferronnerie... (ouvert comme le précédent).

> *c)* CABINET DES ESTAMPES. — Dessins, gravures, reproductions, bibliothèque d'art (ouvert de 10 à 12 heures et de 14 à 17 heures, dimanches après-midi et lundis exceptés, en été. Entrée gratuite).

II. **Musée Alsacien, 23,** quai Saint-Nicolas.

> Art populaire, reconstitutions de vieux mobilier alsacien (ouvert du mardi au samedi, de 10 à 12 heures et de 14 à 16 heures ; le dimanche de 10 à 12 heures. Entrée 1 franc, sauf le dimanche où l'entrée est gratuite. La visite est faite sous la conduite des gardiens à 10 h., 10 h. $^3/_4$ et 11 h. $^1/_2$).

III. **Musée Historique.** — Grande-Boucherie, pont du Corbeau.

> Documents et souvenirs de tous genres se rattachant à l'histoire de la ville de Strasbourg ; plans, gravures, portraits, médailles, monnaies, sceaux, armes, drapeaux, uniformes, etc... (ouverts de 10 à 12 heures et de 14 à 17 heures ; le dimanche, le matin seulement. Entrée 1 franc ; le jeudi et le dimanche entrée libre).

IV. **Musée de Zoologie,** boulevard de la Victoire.

> Ouvert : en hiver (1ᵉʳ octobre-31 mars), tous les jours de 10 à 12 heures et de 14 à 16 heures ; en été, de 10 à 12 heures et de 14 à 17 heures, sauf le lundi.

V. **Musée de Sculpture,** à l'Université.

QUESTIONS ADMINISTRATIVES
FORMALITÉS DE SÉJOUR

Tout étudiant étranger arrivant à Strasbourg, doit remplir les formalités suivantes :

> *a)* remplir la feuille de déclaration domiciliaire qui lui sera remise par son propriétaire.

> *b)* si son séjour est d'une durée supérieure à trois semaines il se rendra chez le Commissaire de Police de son quartier

pour demander sa carte d'étranger. Cette carte est délivrée contre paiement d'une somme de 10 francs et trois
photographies (format 4 cm × 3 cm); elle n'est pas délivrée immédiatement mais jusqu'au moment de sa remise
au titulaire un reçu la remplace.

Si l'étudiant est porteur d'un passeport (exigé à l'entrée en
France pour tout étranger n'appartenant pas à un pays allié) il
faut faire viser ce passeport au *«Bureau de la Circulation de la
Préfecture du Bas-Rhin»*, 3, rue de la Fonderie. Ce visa est exigé,
quelle que soit la durée du séjour à Strasbourg.

POLICE

COMMISSARIAT CENTRAL : 11, rue de la Nuée-Bleue.

COMMISSARIATS DE QUARTIER :

Ier arrondissement	:	9, rue Brûlée.
IIe »	:	41, place de Zurich.
IIIe »	:	4, rue du Puits.
IVe »	:	4-5, quai Kléber.
Ve »	:	3, rue du 22-Novembre.
VIe »	:	11, place Strauss-Durkheim.
VIIe »	:	14, boulevard de la Marne.
VIIIe »	:	75a, r. Principale, Robertsau.
IXe »	:	16, rue des Cottages, Neudorf. 10, rue Lichtenberg, Neuhof.
Xo »	:	50, chaussée d'Halbenhoffen, Kœnigshoffen.

POSTES, TÉLÉGRAPHE ET TÉLÉPHONES

BUREAU CENTRAL : rue de la Marseillaise.

AUTRES BUREAUX : place de la Gare, place de la Cathédrale,
quai de Paris, rue Finkwiller.

N. B. — On ne trouve, à Strasbourg, des timbres que dans
les bureaux de poste.

CULTES

CULTE CATHOLIQUE

Six paroisses catholiques: Saint-Laurent (cathédrale), Saint-
Pierre-le-Jeune, Saint-Jean, Saint-Pierre-le-Vieux, Saint-Louis-des-
Français, Sainte-Madeleine, plus Saint-Maurice, ancienne église
catholique de la garnison.

CULTE PROTESTANT

Sept paroisses luthériennes: Saint-Thomas, Saint-Pierre-le-Vieux, Saint-Pierre-le-Jeune, Sainte-Aurélie, Saint-Nicolas, Saint-Guillaume, le Temple-Neuf; — et les **églises calvinistes:** Église Réformée de la rue du Bouclier, Église Libre, Saint-Paul (ancienne église protestante de la garnison).

CULTE ISRAÉLITE

Synagogue: quai Kléber.

LISTE DES CONSULS ACCRÉDITÉS EN ALSACE

République Argentine: 91, boulevard Haussmann, Paris 8º.

Belgique; 10, rue de la Schiffmatt, Strasbourg, Tél. 41.37. M. TONY SNYERS, Consul.

Bolivie: 54, allée de la Robertsau, Strasbourg, Tél. 37.75. M. ARMAND HARBURGER, Consul.

Brésil: port d'Austerlitz, Strasbourg. M. HENRI MIRAY, Vice-Consul.

Danemark: 24, rue du Vieux-Marché-aux-Vins, Strasbourg, Tél. 97. M. PAUL ZANG, Directeur de la Banque Stæhling, Consul.

Espagne: 36, allée de la Robertsau, Strasbourg. M. JULIO PRIETO VILLABRILE, Consul.

États-Unis d'Amérique: 4, quai Koch, Strasbourg, Tél. 31.88. M. WILLIAM J. PIKE, Consul; M. JOHN A. SCOTT, Vice-Consul.

Grande Bretagne: 27, rue Erckmann-Chatrian, Strasbourg, Tél. 28.80, M. OLIVER WARDROP, Consul-Général; Captain J. K. V. DIBLE, Vice-Consul.

Grèce: 17, rue Auguste-Vacquerie, Paris, 16º.

Italie: Nancy.

Mexique: 10, rue Oberlin, Strasbourg, Tél. 17.34, M. CHARLES HOLL, Consul.

Norvège: 57, Boulevard Haussmann, Paris 8º.

Pays-Bas; 43, avenue des Vosges, Strasbourg, M. ALPHONSE BINNENDICK, Consul.

Pologne et Ville Libre de Dantzig: 21, avenue de la Liberté, Strasbourg, Tél. 27.52, M. JEAN DEREZINSKY, Consul.

Portugal: 19, avenue du Maréchal-Joffre, Strasbourg, M. LÉVY-GRUMBACH, Consul.

Yougo-Slavie: 45, avenue de Villiers, Paris, 17º.

Suède: 6, rue des Magasins, Strasbourg, Tél. 79, M. AUGUSTE KLEIN, Consul.

Suisse: 10, place Kléber, Strasbourg, M. FURRER, Chargé d'Affaires.

Tchéco-Slovaquie: 15, avenue Charles-Floquet, Paris 7º.

THÉATRES ET CONCERTS

I. Théâtre Municipal, place Broglie. Téléphone N⁰ 343.

Prix des places : Réduction de 33 1/3 % aux étudiants de l'Université, seulement valable pour les représentations d'abonnement données les jours ouvrables et pour les places des fauteuils d'orchestre, du parquet et de la deuxième galerie (3⁰ et 4⁰ rangées). Cela porte les prix de ces places à 7 fr., 5 fr. 50 et 3 fr. 70 pour les représentations d'opéra, et à 5 fr., 4 fr. et 2 fr. 70 pour les représentations de comédie ; ces places ne seront délivrées que le jour même de la représentation.

La location est ouverte, pour chaque spectacle, trois jours avant le jour de la représentation, de 10 à 13 heures (les jours de matinée de 10 à 12 heures).

Les guichets sont ouverts une demi-heure avant la représentation.

II. Théâtre de l'Union, 8, quai Kellermann, Téléphone N⁰ 531.

Prix des places : de 2 à 9 francs. Réduction de 33 % aux étudiants sur présentation de leur carte.

Location ouverte tous les jours de 10 à 19 h. 30.

III. Concerts. — Pour tous renseignements, et pour la location des places, s'adresser au Bureau des Concerts, à la maison de musique Wolf, rue de la Mésange.

Nous nous contentons d'indiquer ici la liste des principaux d'entre eux :

a) Concerts d'Abonnement (orchestre symphonique) ;

b) Séances de musique de Chambre ;

c) Concerts populaires (orchestre municipal);

d) En été : concerts de l'Orangerie (orchestre municipal).

e) Concerts de Saint-Guillaume ;

f) Concerts de l'Église Réformée ;

g) Concerts de l'Église Saint-Paul (gratuits le dimanche à 17 heures).

LIGNES DES TRAMWAYS DE STRASBOURG

1. — GARE CENTRALE — place Kléber — place d'Austerlitz — PONT DU RHIN.

2. — GARE CENTRALE — place Kléber — CASERNE DES PIONNIERS.

3. — GARE CENTRALE — place Broglie — Orangerie — ROBERTSAU.

4. — GARE CENTRALE — place Kléber — place du Corbeau — Neudorf — NEUHOF FORÊT.

5. — GARE CENTRALE — rue de la Mésange — place de Pierres — Bischheim — HŒNHEIM.

6. — KRONENBOURG — place Kléber — place du Corbeau — Illkirch — GRAFENSTADEN.

7. — BREUSCHWICKERSHEIM — Achenheim — Kœnigshoffen (Romain) — quai de l'Abattoir — place Kléber — place du Corbeau — NEUDORF EST.

8. — TIVOLI — rue de la Mésange — quai de l'Abattoir — PORTE DE SCHIRMECK.

9. — TIVOLI — Porte de Schirmeck — LINGOLSHEIM.

10. — CEINTURE — Gare centrale — place de Pierres — place Brant — place du Corbeau — quai de l'Abattoir — GARE CENTRALE.

15. — PLACE DU FOIN — place de la Bourse — place du Corbeau — place Kléber — place Arnold — PORTE DU CANAL.

N. B. — Le prix du parcours, à l'intérieur de la ville, est de 0 fr. 30. Les receveurs de tous les trams délivrent des *carnets de seize tickets*, valables pour n'importe quel parcours à l'intérieur de la ville, au prix de 4 francs.

LES MONUMENTS DE L'ALSACE

L'Alsace est une des provinces de France qui compte les plus nombreux et les plus précieux monuments du passé, les uns conservés par la piété de ses fils, les autres à tout jamais ruinés par les invasions et les guerres ; ils racontent son histoire tragique et glorieuse. L'Alsace a toujours formé, à travers l'Europe, un double passage. Elle a été la route des envahisseurs qui, débusquant de la Germanie, convoitaient les richesses de l'Occident et qui, le Rhin franchi, se ruaient vers la montée de Saverne. Au cours des siècles, elle fut un grand champ de bataille. Mais elle a été aussi la voie royale par où la civilisation latine s'est répandue vers le nord, après avoir passé la Porte de Bourgogne entre le Jura et les Vosges.

De ces misères et de ces grandeurs nous avons les témoins sous les yeux : ruines des forteresses féodales, sanctuaires des grandes abbayes, constructions élégantes où se manifestent l'esprit et l'activité des « villes libres », chefs d'œuvre du dix-huitième siècle que l'art français a marqués de son empreinte.

Je voudrais attirer l'attention de quelques promeneurs sur les plus intéressants de ces monuments. Ces notes, d'ailleurs très incomplètes, éveilleront peut-être la curiosité des touristes. J'ose espérer que des Alsaciens pourront eux-mêmes en profiter. Chaque Alsacien a pour sa « petite patrie » la tendresse la plus touchante ; mais, pour lui, cette « petite patrie » est parfois le canton où il est né, et il lui arrive de tout ignorer du canton voisin. J'ai été souvent étonné de voir que tel «Hautrhinois» ne connaissait pas l'église de Wissembourg et que certains Strasbourgeois n'avaient jamais visité l'église d'Ottmarsheim. On observera avec raison que les Alsaciens ne sont pas seuls indifférents aux beautés de leur province natale ; on peut faire le même reproche aux Poitevins, aux Bretons, aux Provençaux. D'accord ; mais, comme l'on dit : «la remarque subsiste».

Je groupe les monuments de l'Alsace, selon leur âge et leur style : c'est le moyen le plus simple de montrer l'abondance de ces richesses artistiques et archéologiques.

Le plus ancien des monuments de l'Alsace est un refuge contre l'envahisseur. C'est le *mur païen*, l'enceinte mystérieuse qui entoure le sommet de la montagne de Sainte-Odile. Derrière ce rempart, dont le contour mesure plus de dix kilomètres, les premiers habitants de l'Alsace, les Celtes, mettaient à l'abri leurs dieux, leurs enfants, leurs trésors et leurs troupeaux quand apparaissait dans la plaine le Barbare venu de la rive droite du Rhin.

Lorsque César eut rejeté les bandes d'Arioviste de l'autre côté du fleuve, la paix romaine régna en Alsace jusqu'au milieu du troisième siècle. De cette longue période de prospérité les grands monuments ont disparu. Des médailles, des poteries, des bronzes, des mosaïques, maintenant recueillis dans des musées, sont les seuls témoins des quatre siècles durant lesquels le latin fut la langue de l'Alsace.

Des périodes mérovingienne et carlovingienne durant lesquelles l'Alsace participa de la vie du pays franc, il ne subsiste, sur son sol, comme dans le reste de la France, que de rares vestiges. A partir du onzième siècle s'élevèrent sur les montagnes et dans la plaine des monuments dont beaucoup n'ont pas encore disparu.

Les plus célèbres des monuments du moyen-âge en Alsace, ce sont les châteaux qu'édifièrent les seigneurs entre qui le pays fut partagé à l'époque féodale : leurs débris pittoresques couronnent tous les sommets des Vosges, dressant leurs murs de grès rouge au milieu de la verdure des hêtres et des châtaigniers. Il est impossible de les énumérer à cette place. D'ailleurs, si quelques-uns d'entre eux offrent un vif intérêt pour l'étude de la fortification médiévale, bien peu portent la trace d'une recherche d'art ou d'élégance. C'étaient de solides forteresses où tout était sacrifié aux exigences de la guerre. Un des plus anciens et des plus magnifiques est le *Château de Saint-Ulrich* qui domine Ribeauvillé. Il a conservé à peu près intacts son donjon et une de ses façades dont les neuf belles fenêtres géminées s'encadrent dans une arcade en plein cintre. Le plus souvent la beauté, l'incomparable beauté de ces ruines des Vosges est l'œuvre du temps, des saisons et de l'heure.

De ces ruines, la plus célèbre était autrefois le *Haut Kœnigsbourg*. Elle passait d'après les guides allemands « pour la plus importante et la mieux conservée ». Ceux qui l'ont restaurée ont commis de gaîté de cœur un affreux attentat contre la beauté. Quand, pendant la guerre, les Allemands ont jugé bon d'anéantir l'admirable château de Coucy, ils n'ont pas fait pis que le jour où ils avaient scientifiquement reconstitué le Haut Kœnigsbourg. Si l'on a vu la ruine avant sa restauration, on se rappelle avec émotion cette immense forteresse envahie par la forêt : la tour qui n'était qu'à demi écroulée dominait encore de sa masse superbe ce chaos de pierres et de verdures.

*　*　*

Descendons dans la plaine. C'est là, dans les villes et dans les villages, que nous allons rencontrer les plus beaux monuments de l'art alsacien.

L'Alsace a pu être réunie au Saint-Empire de 843 à 1648 : cette union toute nominale n'a pas empêché la province de vivre de sa vie propre, d'abord sous l'autorité des seigneurs féodaux, puis sous le régime républicain des villes libres. Elle subit alors les influences du dehors, mais surtout celle de la France : toutes les œuvres nées sur le sol de l'Alsace portent la marque d'un style étranger, soit germanique, soit, plus souvent français ; cependant la plupart se distinguent des productions purement germaniques ou purement françaises par une particularité indéfinissable, mais qui frappe au premier coup d'œil. Il existe une « nuance alsacienne » qui tient au génie même du peuple.

L'Alsace possède d'admirables églises de l'époque romane : Rosheim, Neuwiller, Murbach, Lautenbach, Guebwiller, Sélestat, Marmoutier, Saint-Thomas et Saint-Étienne de Strasbourg, etc... Choississons les plus caractéristiques.

La plus ancienne est très probablement celle *d'Ottmarsheim* (entre la Forêt de la Hardt et le Rhin). Elle appartenait à une abbaye de Bénédictines et date du onzième siècle. C'est une imitation fidèle de la chapelle palatine d'Aix-la-Chapelle ; elle en reproduit le plan octogonal. Il est inutile de dire que, comme toutes les églises bâties sur ce plan, elle passa longtemps pour un temple païen converti en église.

L'église de *Murbach*, près de Guebwiller, se présente dans un site merveilleux, au fond d'un étroit vallon dont les pentes sont couvertes de forêts. Toutes les crêtes sont encore couronnées des ruines des forteresses que les religieux avaient édifiées pour défendre leur maison, car l'abbaye de Murbach fut une des plus opulentes de la chrétienté. De cette église mutilée il ne reste que l'abside, le transept et les deux tours. Les archéologues allemands veulent y voir une œuvre de l' « école rhénane » ; mais on y découvre aussi des influences de Cluny.

Marmoutier est la plus ancienne des abbayes d'Alsace. Sa façade appartient au roman le plus puissant et le plus grave : elle est trouée d'un porche à trois arcades. La structure générale de l'édifice n'est pas sans rapport avec certaines églises poitevines. Entre deux tours octogones se dresse un robuste clocher carré. L'intérieur de l'église est ogival. Le chœur est orné de délicieuses boiseries du dix-huitième siècle.

Saint-Léger de *Guebwiller* est peut-être de toutes les églises romanes d'Alsace celle qui présente le plus manifestement les caractères du style rhénan ; mais la richesse de sa décoration trahit des influences poitevines. C'est le seul des monuments historiques de l'Alsace qui ait souffert de la dernière guerre. Un de nos obus a frappé l'une des tours : le dégât est, heureusement, réparé.

Rhénane, aussi l'église de *Rosheim*, sans rien qui rappelle les écoles françaises : elle est nue au dehors, au dedans les bases grossières des colonnes, les sculptures plates des chapiteaux, la pauvreté des décorations sculptées sont dans la tradition germanique. Des figures d'hommes et d'animaux dispersées sur la toiture racontent la légende de l'église avec une bonhomie très alsacienne.

Saint Foy de *Sélestat* est le plus beau des édifices romans de l'Alsace. Cette église fut élevée sous le vocable de Sainte Foy dont le sanctuaire était à Conques dans le Rouergue. Les moines de Conques venus en Alsace y ont bâti un édifice qui se rattache au style du Périgord et à celui de l'Auvergne. Malheureusement, dans l'intérieur de ce beau monument, des «embellisseurs» allemands ont sévi, comme dans l'intérieur de la plupart

L'ÉGLISE DE MURBACH

des vieilles églises de l'Alsace. Le coloriage des églises est un dogme des architectes de l'Allemagne moderne. Bon gré mal gré, le clergé a dû suivre l'esthétique des professeurs de Munich.

* * *

A la vue de la cathédrale de Strasbourg, Gœthe a déclaré que l'architecture gothique était une « architecture allemande ». Cette opinion fit loi pendant une grande partie du dix-neuvième siècle. Aujourd'hui la légende est détruite : tout le monde sait que l'architecture gothique est née dans l'Ile de France, et de là s'est répandue dans toute l'Europe. Personne d'ailleurs ne l'a démontré avec plus de force et d'insistance que M. Dehyo, naguère professeur de l'histoire de l'art à l'Université allemande de Strasbourg.

En Alsace, les églises gothiques se rattachent directement à l'art français.

Saint-Florent de Niederhaslach (dans la vallée de la Bruche) est une église romane remaniée à la fin du treizième siècle et terriblement restaurée au dix-neuvième. Elle est célèbre par ses vitraux, ses sculptures, ses jolies boiseries. Malgré les disparates et les restaurations, elle a conservé sa grâce et sa beauté.

Saint-Martin de Colmar est d'une élégance toute française que n'ont point trop altérée d'odieux peinturlurages. Le tympan du porche méridional est décoré de charmantes sculptures. Parmi les statuettes qui ornent l'archivolte, on voit celle d'un homme qui tient une équerre : c'est le maître de l'œuvre. A côté de son portrait, son nom : Maître Humbret ; il venait de l'Ile de France.

C'est encore une fine église du treizième siècle, d'un art pur, délicat et sobre que *Saint-Pierre et Saint-Paul de Wissembourg*. Elle est flanquée d'une tour romane grandiose et robuste. Au-dessus de la croisée s'élevait une autre tour qui fut à demi détruite pendant la guerre de Trente ans. Elle a été naguère reconstruite et revêtue d'ardoises qui font un singulier contraste avec les tuiles sombres des toitures de la petite ville alsacienne. A l'église est adossé un des rares cloîtres qui subsistent en Alsace. Ces galeries ogivales du quatorzième siècle sont d'une extrême élégance.

L'Église *Saint-Thiébaud* est communément appelée à Thann : la cathédrale. Cet ouvrage, le plus parfait de l'art ovigal en Alsace, est un charmant diminutif de cathédrale. La flèche qui fut terminée au commencement du seizième siècle, est d'une finesse et d'une légèreté surprenantes. La nef et le chœur offrent les proportions les plus justes, les plus harmonieuses. L'édifice a été deux fois restauré, sous le Second Empire, puis sous le régime allemand. Presque tous les statues qui décorent l'extérieur sont des pastiches modernes et quels pastiches. Saint-Thiébaud a été épargné par les obus allemands qui sont tombés abondamment sur les constructions voisines.

De la *cathédrale de Strasbourg*, je me garderai de rien dire ici en quelques lignes, car c'est de tous les monuments de l'Alsace le plus connu, le plus populaire, en Alsace, en France et dans le monde.

Pour se défendre contre la féodalité et l'Empire, le peuple d'Alsace s'est enfermé dans ses villes qu'il a entourées de solides murailles. Puis dans chaque ville s'est organisée une existence démocratique et républicaine. Les villes seigneuriales et impériales ont peu à peu pris les mœurs et l'esprit des « villes libres ». Au seizième siècle la vie municipale est partout florissante. Aussi, quand l'art de la Renaissance pénètre en Alsace, il ne va pas y créer des châteaux, comme dans les provinces françaises, mais il transforme les logis des bourgeois et le décor de la ville.

La petite ville alsacienne telle qu'elle se présente encore aujourd'hui avec sa ceinture de créneaux voilés de glycines et de vignes vierges, la jolie petite ville alsacienne date de la Renaissance. Elle a de hautes portes, comme Turkheim, des tours crénelées, comme Bœrsch, des remparts, comme Riquewihr. Elle a sur ses petites places irrégulières des puits sculptés, comme ceux de Riquewihr, de Kaysersberg, d'Ammerschwihr. Et partout s'élèvent de charmants hôtels-de-ville, comme ceux d'Ammerschwihr, de Kaysersberg, de Barr, de Ribeauvillé, de Benfeld, d'Ensisheim, etc . . . .

De toutes les cités alsaciennes, celle où la Renaissance a laissé ses plus précieux chefs-d'œuvre, c'est assurément Colmar. Portes basses, à large cintre, croisées à meneaux délicats, galeries de bois à balustrades élégantes, grisailles à demi effacées, consoles et poutrelles sculptées, fins médaillons enguirlandés de devises tourelles et clochetons, belvédères et logettes, voilà tout le décor de la Renaissance. De la Renaissance française? Non. De la Renaissance germanique? Non plus. Dans les architectures et dans les décorations de Colmar, on découvre un certain instinct de l'harmonie et des proportions qui décèle un goût particulier. Toujours la « nuance alsacienne »!

* * *

Lorsque l'Alsace eut été politiquement à la France, à la fin du dix septième siècle, ce fut dans le goût français qu'elle bâtit ses nouveaux édifices. Des affinités séculaires la prédisposaient à accueillir un art, qui rayonnait alors sur l'Europe entière. Du dix huitième siècle datent d'innombrables chefs-d'œuvre qui sont les parures de la province: d'admirables palais comme les châteaux des cardinaux de Rohan à Saverne et à Strasbourg, des églises comme celles de Guebwiller, d'Ebersmunster et la chapelle des Jésuites de Colmar, des édifices publics comme le Conseil souverain de Colmar, des demeures seigneuriales comme le château de Reichshoffen, des logis charmants comme ceux de Haguenau et de Wissembourg; enfin toutes les constructions nouvelles de Strasbourg, hôtels des princes et des abbayes, maisons des bourgeois etc. . . .

D'ailleurs on ne saurait prétendre dresser ici une liste de toutes les architectures grandioses ou charmantes dispersées entre le Rhin et les Vosges. On n'a cité que les œuvres capitales. Il n'est pas une ville, presque pas un village d'Alsace où l'on ne découvre de vieilles pierres, des bois sculptés ou des ferronneries propres à révéler le goût, l'esprit et le passé de la province.

ANDRÉ HALLAYS.

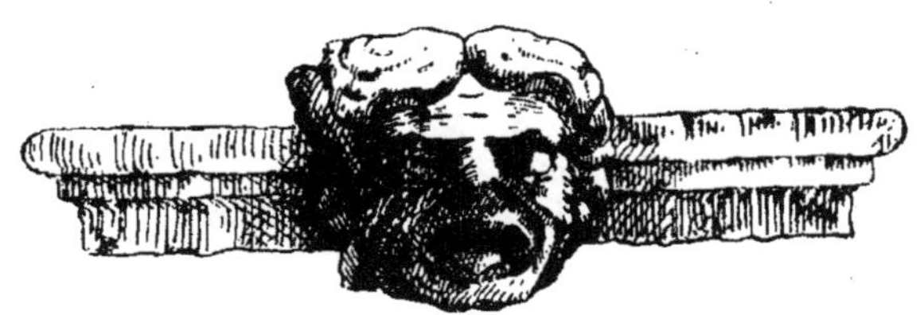

SPORTS

1º Aéro-Club d'Alsace-Lorraine, rue de la Comédie.

2º A. S. U. S. = Association sportive de l'Université de Strasbourg, en réorganisation. Consulter les affiches dans le hall de l'Université.

3º A. S. S. = Association sportive de Strasbourg. — Bureau et administration: 4, petite rue de l'Église; ouvert de 9 à 12 heures et de 12 à 18 heures. Téléphone 42.17. Tous les sports: football, natation, tennis, escrime, basket ball, culture physique, sports féminins.

4º Automobile-Club d'Alsace-Lorraine, 4, place Saint-Pierre-le-Jeune. Téléphone 10-35.

5º Club-Alpin Français, M. Kuhff, 6, avenue de la Marseillaise.

6º Club Vosgien, 12, place du Marché aux Cochons de Lait.

7º Éclaireurs (Boys-Scouts):
Éclaireurs Unionistes, M. Weber, 10, Vieux-Marché-aux-Grains.
Éclaireurs de France, M. Zucarelli, 2, rue Saint-Arbogast.
Scouts de France. M. Renard, 11b, boulevard Wilson.

8º Foot-Ball-Club de Strasbourg 1906, Route de Schirmeck ; La Montagne-Verte.

9º Ill-Club (Rowing), M. Kuhff.

10º Moto-Club d'Alsace-Lorraine, 23, place Kléber.

11º Trianon (Tennis), place Lenôtre.

12º Touring-Club de France, M. Schubl, 15, rue du Dôme.

13º Union Touristique, 10, rue de Lausanne.

14º Vosges-Trotters, 1, rue de l'Outre.

QUELQUES EXCURSIONS

I. Sainte-Odile.

Prendre le train jusqu'à Otrott (changer à Rosheim). D'Otrott à pied au château, puis à Sainte-Odile. On redescend sur Saint-Jacques, Truttenhausen et Barr (durée : 5 heures de marche)

II. Rocher de Dabo.

Prendre le train jusqu'à Romanswiller (changer à Molsheim). A pied à Obersteigen (2 h.), à Hub ($^3/_4$ d'heure), Roches de Dabo (1 h. $^1/_4$), Dabo ($^1/_4$ d'heure), maison forestière du Kempel (1 h. $^1/_4$), vallée du Bærenbach-Stambach (1 h. $^1/_2$). Total : 7 heures.

III. Munster.

Prendre le train jusqu'à Turckheim (via Colmar). A pied aux Trois-Épis (1 h. $^1/_2$), maison forestière Obschel ($^1/_2$ h.); Bellevue, Petit Hohnack, Le Linge, cimetière Bærenstall, Schratzmænnel (2 h. $^1/_2$); Hohrod Munster (1 h. $^1/_2$). Total : 6 heures.

IV. Hohwald.

Descendre à Barr. A pied à Hungerplatz, ruine d'Andlau, maison forestière, Spesbourg, Hohwald (2 h. $^1/_2$); Welschbruch (maison forestière); Barr. Total : 7 heures.

V. Haut-Kœnigsbourg.

Descendre à La Vancelle (changer de train à Sélestat). De là au Haut-Kœnigsbourg (2 heures). On redescend à Ribeauvillé, par Tannenkirch.

LE SYNDICAT D'INITIATIVE DE TOURISME
«LES AMIS DE STRASBOURG»

Le Syndicat d'Initiative de Tourisme «Les Amis de Strasbourg» est institué dans le but d'étudier les mesures qui peuvent tendre à augmenter d'une manière générale la prospérité de Strasbourg et de sa région et d'en poursuivre la réalisation. Il s'efforce notamment d'organiser la région au point de vue touristique, de rendre le séjour agréable et facile aux étrangers et, d'autre part, de mettre en relief, dans l'intérêt du commerce et de l'industrie, toutes les richesses naturelles du pays.

Son bureau de renseignements, installé dans le Pavillon touristique de la place de la Gare, est à la disposition gratuite des voyageurs et des touristes. — Téléphone 4508.

En cas de demande de renseignements par correspondance, on est prié de joindre un timbre pour la réponse.

Le Syndicat d'Initiative envoie franco
gratuitement: un dépliant sur Strasbourg,
contre 2 frs.: un guide illustré de Strasbourg,
contre 1 fr. : une liste des villégiatures dans les Vosges.

CHEMINS DE FER D'ALSACE ET DE LORRAINE

L'Administration des Chemins de fer d'Alsace et de Lorraine a organisé depuis 1921 un service d'excursions par voitures auto-cars appelé la « **Route des Vosges** », et qui constitue une sorte de prolongement des services similaires de la **route des Alpes** et du **Jura** grâce à la liaison opérée au **Ballon d'Alsace**.

De **Mulhouse**, en trois étapes d'une journée chacune jalonnées par les villes de **Colmar, Sélestat** et **Strasbourg**, le service de la « **Route des Vosges** » permet. aux touristes de parcourir les principaux sommets de la chaîne de montagnes, à proximité de champs de batailles à jamais célèbres (Hartmannswillerkopf, Linge, **Tête de Faux**) en passant par des sites réputés (**Hohneck, Trois Epis, Lac Blanc, Lac Noir, Haut-Kœnigsbourg, Champ du Feu, Donon, Dabo**) tout en permettant de visiter les grandes villes de la plaine d'Alsace.

Deux excursions constituant des circuits fermés ont été organisés, en outre, autour de Strasbourg et s'effectuent dans la journée,

1) Excursion à **Ste-Odile par Obernai** et le **Hohwald**,

2) Excursion à **Brumath, Reichshoffen, Niederbronn, Jægerthal, Lac de Hanau, Lembach, Frœschwiller, Wœrth, Morsbronn, Haguenau.**

Enfin, ces services ont été complétés en 1922 par deux nouveaux circuits parcourus par des voitures automobiles touristes, rapides et du dernier confort :

L'un, organisé en collaboration avec le Réseau des Chemins de fer de l'Est réalise la jonction entre **Colmar** et **Vittel** par Munster, la Schlucht, Gérardmer, Remiremont, Plombières, Bains-les-Bains et Contrexévillle ;

Le second établi en accord avec les Chemins de fer de l'Est et du Nord, prolonge entre **Strasbourg** et **Liège** le circuit de la Route des Vosges.

Il s'accomplit en trois étapes d'une journée chacune :

Première journée : Strasbourg, le Donon, la Chapelotte, Raon-l'Etape, le col de la Chipotte, Lunéville, Nancy ;

Deuxième journée : Nancy, le Grand Couronné, Pont-à-Mousson, Thiaucourt, Vigneulles, les Eparges, Fresne-en-Wœvre, Verdun, les forts de Vaux et de Douaumont, Samogneux, Dun s./Meuse, Stenay, Sedan, Bouillon ;

Troisième journée : Bouillon, Paliseul, Grottes de Han, Rochefort, Dinant, Namur et Liège.

Pour tous les renseignements complémentaires, s'adresser aux **Chemins de fer d'Alsace et de Lorraine** à Strasbourg, 3, Boulevard du Président Wilson ; à Paris : 15, rue du 4 septembre.

A la Société des Transports Automobiles industriels et commerciaux, 9, B^d Malesherbes à Paris, et aux Agences de Voyages.

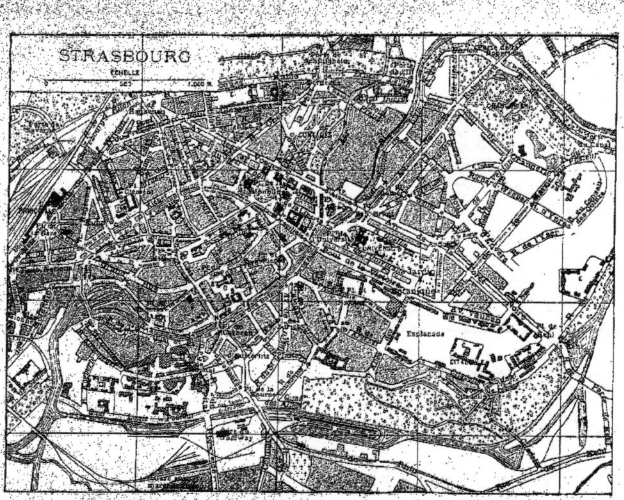

PLAN DE STRASBOURG

www.ingramcontent.com/pod-product-compliance
Ingram Content Group UK Ltd.
Pitfield, Milton Keynes, MK11 3LW, UK
UKHW022120070726
13613UKWH00003B/1192